Zeitschrift für Betriebswirtschaft

Special Issue 5/2005

Unternehmensethik und Unternehmenspraxis

ZfB-Special Issues

2/2002 Unternehmensentwicklung im Wettbewerb
Herausgeber: Horst Albach/Bernd Schauenberg
164 Seiten. ISBN 3 409 11996 5

3/2002 Privatisierung von öffentlichen Unternehmen
Herausgeber: Horst Albach/Eberhard Witte
117 Seiten. ISBN 3 409 12075 0

4/2002 Sportökonomie
Herausgeber: Horst Albach/Bernd Frick
262 Seiten. ISBN 3 409 12282 6

5/2002 Gründungs- und Überlebenschancen von Familienunternehmen
Herausgeber: Horst Albach/Andreas Pinkwart
173 Seiten. ISBN 3 409 12330 X

1/2003 Die Zukunft des Electronic Business
Herausgeber: Horst Albach/Johannes Hummel
159 Seiten. ISBN 3 409 12380 6

2/2003 Von der Gründung bis zur Insolvenz
Herausgeber: Horst Albach/Andreas Pinkwart
156 Seiten. ISBN 3 409 12397 0

3/2003 Hochschulmanagement
Herausgeber: Horst Albach/Peter Mertens
204 Seiten. ISBN 3 409 12415 2

4/2003 Personalmanagement
Herausgeber: Horst Albach
176 Seiten. ISBN 3 409 12414 4

5/2003 Ökonomische Analyse von Governance-Strukturen
Herausgeber: Günter Fandel/Peter J. Jost
96 Seiten. ISBN 3 409 12450 0

1/2004 Produktion von Dienstleistungen
Herausgeber: Günter Fandel/Horst Wildemann
130 Seiten. ISBN 3 409 12643 0

2/2004 Finanzwirtschaftliche Information, Anreizgestaltung und Kontrolle
Herausgeber: Günter Fandel/Bernd Rudolph/Wolfgang Kürsten
106 Seiten. ISBN 3 409 12722 4

3/2004 Real Options
Herausgeber: Thomas Dangl/Michael Kopel/Wolfgang Kürsten
158 Seiten. ISBN 3 409 03443 9

4/2004 Strategische Anreizsetzung im Unternehmen
Herausgeber: Günter Fandel/Peter J. Jost
110 Seiten. ISBN 3 409 14280 0

1/2005 Revenue Management
Herausgeber: Günter Fandel/Hans Botho von Portatius
124 Seiten. ISBN 3 8439 0050 8

2/2005 Perspektiven der Kommunikationspolitik
Herausgeber: Manfred Krafft
114 Seiten. ISBN 3 8349 0108 3

3/2005 Reverse Logistics I
Herausgeber: Günter Fandel/Joachim Reese
114 Seiten. ISBN 3 8349 0109 1

4/2005 Reverse Logistics II
Herausgeber: Günter Fandel/Joachim Reese
100 Seiten. ISBN 3 8349 0134 2

Unternehmensethik und Unternehmenspraxis

Herausgeber

Prof. Dr. Dr. h.c. mult. Horst Albach

GABLER

Die Deutsche Bibliothek – CIP-Einheitsaufnahme

Zeitschrift für Betriebswirtschaft : ZfB. – Wiesbaden :
Betriebswirtschaftlicher Verl. Gabler
Erscheint monatl. – Aufnahme nach Jg. 67, H. 3 (1997)
Reihe Ergänzungsheft: Zeitschrift für Betriebswirtschaft /
Ergänzungsheft. Fortlaufende Beil.: Betriebswirtschaftliches
Repetitorium. – Danach bis 1979: ZfB-Repetitorium
ISSN 0044-2372
2005, Special Issue 5. Unternehmensethik und Unternehmenspraxis
Herausgeber: Prof. Dr. Dr. h.c. mult. Horst Albach – Wiesbaden: Gabler, 2005
(Zeitschrift für Betriebswirtschaft; 2005, Special Issue 5)
ISBN 3-8349-0228-4

Betriebswirtschaftlicher Verlag Dr. Th. Gabler GmbH, Wiesbaden 2005
Lektorat: Susanne Kramer/Annelie Meisenheimer

Der Gabler Verlag ist ein Unternehmen von Springer Science+Business Media.

http://www.gabler.de
http://www.zfb-online.de

Satz: Fotosatz-Service Köhler GmbH, Würzburg
Printed in Germany

ISBN 3-8349-0228-4

Zeitschrift für Betriebswirtschaft, Special Issue 5/2005

Editorial

Die Frage, „gilt der Satz: ex occidente lux, auch für den Sarbanes Oxley Act?“ ist nicht nur für die Praktiker in deutschen Unternehmen, deren Aktien an amerikanischen Börsen notiert werden, für Praktiker, die an deutschen Börsen orientiert sind und von den Rating-Agenturen gebeten werden, sich entsprechend dem Sarbanes-Oxley-Act zu verhalten, sondern auch für den Theoretiker, der die Optimalität von Führungsentscheidungen im Unternehmen analysiert, interessant und wichtig.

Der Sarbanes-Oxley-Act aus dem Jahre 2002 verlangt von allen börsennotierten Unternehmen, die an amerikanischen Börsen notiert sind, daß sie einen „Code of Ethics“ erstellen und in ihrem Geschäftsbericht über die Einhaltung dieses Moral-Kodex und über Maßnahmen zur Umsetzung des Kodex im Unternehmen berichten.

Die grundsätzliche Frage, ob es nicht ausreicht, das Verhalten von Unternehmen und von Menschen in ihnen an den zehn Geboten auszurichten oder den Heidelberger Katechismus zur Richtschnur des Handelns von Unternehmen zu machen, steht in diesem ZfB-Special nicht im Vordergrund. Mit ihr beschäftigt sich der Aufsatz von Horst Albach. Er versucht zu zeigen, daß die Nikomachische Ethik, also das Streben nach einem „gelungenen Leben“, und der Kant'sche Kategorische Imperativ, also die Ausrichtung des eigenen Verhaltens an dem Wohlergehen des Mitbürgers, des Mitarbeiters, des Kunden, kurz: des Nächsten, also „an dem Prinzip einer allgemeinen Gesetzgebung“ ausreichend sind, um einen Code of Ethics zu füllen. Mancher mag es für notwendig halten, zusätzlich auf „The Theory of Moral Sentiments“ von Adam Smith hinzuweisen[1]. So widerspenstig die Lektüre dieses Werkes auch ist, so mag seine Aufnahme in einen Code of Ethics schon deshalb gerechtfertigt sein, weil sich manche Ökonomen auf ihn berufen, wenn sie die Annahme opportunistischen Verhaltens von Unternehmen machen. Jerry Evensky verweist auf den ersten Satz des Buches, mit dem ein Abschnitt mit der Überschrift „On Sympathy“ beginnt[2]. Evensky zitiert: How selfish soever man may be *supposed* (kursiv von mir), there are evidently some principles in his nature, which interest him in the fortune of others…” Adam Smith aber fährt fort: “and render their happiness necessary to him, though he derives nothing from it except the pleasure of seeing it”. Adam Smith leitet das “fellow-feeling” aus der Todesangst eines jeden Menschen ab, aus der Angst vor dem totalen Verlust aller Bindungen in der menschlichen Gesellschaft und an den Nächsten. Letztlich ist das Einleitungskapitel eine Vorwegnahme des Kategorischen Imperativs.

Im Vordergrund dieses ZfB-Special Issues stehen die Antworten von „Praktikern“ mit langjähriger Erfahrungen in der Führung von Unternehmen auf die Frage, ob es auch für deutsche Unternehmen sinnvoll und hilfreich sein könnte, einen im Sinne von „Comply or Explain“ verbindlichen Kodex ethischen Verhaltens zu schaffen. Konkret habe ich den Autoren die folgenden Fragen gestellt:

1. Sollte der Sarbanes-Oxley Act, Section 406, in das deutsche Aktiengesetz übernommen werden?
2. Ist ein Code of Ethics neben dem Kodex guter Corporate Governance erforderlich?
3. Welche Forderungen sollte ein Code of Ethics neben der Forderung nach Einhaltung der geltenden Gesetze enthalten?

4. Haben Sie einen Code of Ethics in Ihrem Unternehmen?
5. Wenn ja, halten Sie ihn für wirksam?
6. Hätte ein Code of Ethics die Skandale der letzten Jahre verhindern können?

Ich hatte den Autoren einen Sarbanes-Oxley entsprechenden „Code of Ethics" als „Muster" zugeschickt, den die Firma ProLogis mit Sitz in Denver, Colorado, erlassen hat und den sie praktiziert. In diesem Code heißt es u.a.: „Information on company products or services must be accurate and free of misleading or deceptive statements or intentional omissions of material facts. All information or documents must be provided to our customers openly without concealing the source". Das ist faktisch das Verbot asymmetrischer Information, das Verbot von hidden information, hidden action und hidden characteristics, die in der "modernen" Vertragstheorie eine zentrale Rolle spielen. Dem Kunden gibt eine solche Klausel ein einklagbares Recht auf zutreffende Information vor dem Abschluß eines Kauf- oder Dienstleistungsvertrages, aber auch eines Anstellungsvertrages. Meine Gesprächspartner aus deutschen Unternehmen halten diese klare Aussage für bemerkens- und nachahmungswert.

Am häufigsten wird das Problem der Korruption in deutschen Unternehmen angesprochen. Dabei handelt es sich allerdings zumeist um vertrauliche Gespräche, die Gesprächspartner scheuen sich, über derartige Erfahrungen im eigenen Unternehmen zu schreiben. Für den Beitrag von Margret Suckale bin ich daher besonders dankbar. In der jüngst veröffentlichten Liste der „Most Corrupt Countries[3] erscheinen erfreulicherweise europäische Staaten nicht, aber das darf einen Beobachter nicht beruhigen. Es ist nicht nur der Volcker-Bericht, der Fragen an bekannte deutsche Unternehmen stellt. Meine Gesprächspartner haben mir von Koffern mit Geldscheinen berichtet, die zwischen deutschen Unternehmen den Besitzer wechseln. Sie haben mir auch von anderen Formen der Korruption erzählt. Die Abfindung mit Geld oder mit dem Honorar an Outplacement Agencies, die dem potentiellen Whistle-Blower das Schweigen versüßen, ist letztlich auch Korruption.

Es wäre sicher für Führungskräfte von Unternehmen leichter, offen über Fälle des Fehlverhaltens auf allen Stufen des Unternehmens zu sprechen oder die „Trillerpfeife" zu betätigen, wenn der Pfiff in der Öffentlichkeit und von den Medien als das verstanden würde, was er im Fußball ist: die Bestrafung mit der roten oder gelben Karte für das „Foul-Verhalten" eines Spielers, der gegen die geltenden Regeln normalen Verhaltens verstößt. Die Neigung in unserer Gesellschaft, den pathologischen Fall für den Normalfall des Systems auszugeben und anzuprangern, gefährdet die Existenz des Systems – eine gefährlichere Konsequenz als der Korruptionsfall einzelner Mitglieder des Systems. Ich halte es daher für verständlich, daß die Autoren in diesem Heft zum einen mehr über den Normalfall in ihren Unternehmen als über den pathologischen Ausnahmefall berichten und daß andere die Maßnahmen und ihre Wirkung schildern, die sie getroffen haben, um den pathologischen Ausnahmefall ex ante zu verhindern und ex post sichtbar für alle im Unternehmen zu bestrafen.

Zum Schluß dieser Einleitung möchte ich aus einem persönlichen Brief eines Managers zitieren, der über breite Auslandserfahrung verfügt und heute ein Werk mit rund 2000 Mitarbeitern leitet: „Ich lebe zwar nicht im Umfeld derjenigen, die sich über Stock Options oder auf sonstige Weise finanziell am Unternehmen bereichern. Aber ich erlebe moralisches Fehlverhalten und Versagen in anderer Erscheinungsform, welches aber dem gleichen Prinzip folgt: dem circulus vitiosus aus individueller Habgier und Neid.

In einem Unternehmen ist ein moralisch einwandfreies, kluges und an der Sache des Unternehmens und der in ihrer Obhut stehenden Mitarbeiter orientiertes Verhalten der Vorgesetzten über alle Hierarchiestufen hinweg der entscheidende Faktor, diesen Teufelskreis zu durchbrechen. Wobei hier gilt, daß ein pathologischer Manager mehr Anschubwirkung in die negative Richtung erzeugt als ein nicht pathologischer Manager mit seinem Verhalten in die positive generieren kann.

Dieses Führungskräfteverhalten kann, wie Sie schreiben, nicht durch die Schaffung von Lehrstühlen für Unternehmensethik vermittelt werden und auch über Hochglanzflyer zum Führungs- und Mitarbeiterleitbild unternehmensintern kaum nachhaltig verankert werden. Nicht Aktionismus hilft hier weiter, mit dem noch ein modisches Add-On auf ein in sich morsches Gerüst montiert wird.

Es muß aus den Wurzeln der Gesellschaft, ihrem Selbstverständnis und den Werten und Zielen, denen sie sich verpflichtet sieht, als langfristig beständige und wirksame Konstante erwachsen und im Bewusstsein der jeweilig gestaltenden Generation tief verankert werden: Familie, Kindergarten, Schule, Universität, Kirche und Medien prägen hier über die Jugendzeit der jeweiligen Generation hinweg das, was dann schlussendlich in den Unternehmen und anderen Institutionen an Führungskräften ankommt.

In unserer pluralistischen, auf individuelle Freiheit ausgerichteten und in großem Wohlstand lebenden Gesellschaft den Verhaltens- und Moralkodex des „ehrbaren Kaufmanns" und des in seinem Handeln am christlichen Menschenbild orientierten Managers durchgängig und nachhaltig zu etablieren, ist die Aufgabenstellubng, welche nur schwierig zu lösen ist. Wenn wir sie in unserem Gemeinwesen nicht lösen, werden andere Gemeinwesen, die eine bessere Lösung dieses Problems hervorbringen, uns moralisch und in der Folge dann auch wirtschaftlich den Rang ablaufen".

Der Verlag hat den Herausgeber gebeten, noch ein Wort zur Form dieses ZfB-Special zu sagen.

Zunächst: Aus dem geplanten ZfB-Special Issue über „Unternehmensethik" sind zwei Hefte geworden: das vorliegende Heft mit dem Titel

Unternehmensethik und Unternehmenspraxis

und das ZfB-Special Issue

Unternehmensethik und Globale Märkte

das als Heft 1/2006 erscheinen wird.

In diesem Heft wird neben einem grundsätzlichen Aufsatz über Ethik und Unternehmensethik die Sicht der Praxis in Deutschland wiedergegeben. Die Stellungnahmen aus der Praxis zu den oben genannten Fragen sind kurz. Sie werden nach Beiträgen aus Unternehmen, die selbst (noch) keine Grundsätze ethischen Verhaltens in Gremien des Unternehmens verabschiedet haben, folglich auch keine Erfahrungen mit solchen Kodices haben können, und solchen, die über Erfahrungen im Einsatz solcher Ethics Codes verfügen, gegliedert. Nur der Beitrag aus der Praxis von Bertelsmann (Autoren: Hunsdiek und Tams) erscheint im Special Issue 1/2006, zum einen wegen seiner Länge, zum anderen, weil er die Bejahung von Kodices ethischen Verhaltens in den Gesamtkontext der Unternehmenskultur stellt.

Die Stellungnahmen aus der Praxis werden redaktionell anders behandelt als die Aufsätze in den regelmäßig erscheinenden Heften der ZfB. Ich habe auf die Überblicke, auf Zusammenfassungen und Summaries verzichtet. Die Stellungnahmen sind durchweg so kurz, daß ich auf diese Teile normaler Aufsätze verzichtet habe, um mich nicht dem Vorwurf der Beckmesserei auszusetzen. Daß auf Photos der Autoren verzichtet wurde, werden die Leser bedauern. Das hat ausschließlich praktische zeitliche Gründe.

Horst Albach

---

1 Smith, Adam: The Theory of Moral Sentiments, London 1759, Faksimile Ausgabe, herausgegeben von Wolfram Engels, Herbert Hax, Friedrich A. von Hayek und Horst Claus Recktenwald, Düsseldorf und Frankfurt 1986, Exemplar 689

2 Evensky, Jerry: Adam Smith's *Theory of Moral Sentiments:* On Morals and Why they matter to a Liberal Society of Free People and Free Markets, in: The Journal of Economic Perspectives, Vol. 19, No.3, Summer 2005, S. 109 – S. 130

3 Svensson, Jakob: „Eight Questions about Corruption", in: The Journal of Economic Perspectives, Vol. 19, No. 3, Summer 2005, S. 19 – 42

Erster Teil

Grundsätzliche Betrachtungen
über
Ethik und Unternehmensethik

Unternehmensethik: Ein subjektiver Überblick

Von Horst Albach

Überblick

- Bisher diente Unternehmensmoral als Handlungsanleitung für Situationen, in denen das Recht den Unternehmen Handlungsspielräume lässt, und als Grundlage für die Umsetzung solcher Handlungsanleitungen. .
- Unternehmensethik ist, so gesehen, die Wissenschaft, die derartige Handlungsanleitungen analysiert und normativ begründet.
- Der Aufsatz versucht, etwas Ordnung in die Vielfalt von „Ethiken" zu bringen, die von Vertretern der Allgemeinen Ethik und der Speziellen Ethik „Unternehmensethik" entwickelt worden sind und gegenwärtig diskutiert werden.
- Bei vollständiger Konkurrenz bedarf es keiner Unternehmensethik, weil es für die Unternehmung keine Handlungsspielräume gibt. Letztlich bedarf es unter den Bedingungen vollkommener Märkte auch keiner Betriebswirtschaftslehre. Der Markt ist ein perfekter Pädagoge.
- Unternehmensethik ist folglich zum einen Ethik für individuelles Handeln in der Unternehmung und zum anderen Ordnungsethik für die Unternehmung insgesamt.
- Die Nutzenfunktion des Einzelnen enthält als Argumente sowohl den eigenen Nutzen über die gesamte Spanne des Lebens als auch den Nutzen der Kollegen und der Gesellschaft. Es gilt für den Einzelnen das Axiom der Komplementarität. Diese Nutzenfunktion steht nicht im Gegensatz zur Ethik.
- Die Nutzenfunktion des Unternehmens ist die Maximierung des Interesses der Eigentümer. Entscheidungen mit dieser Nutzenfunktion führen zur Maximierung des Konsumpfades aller Mitglieder der Gesellschaft und zu Gleichheit des Zinses und der Wachstumsrate der Löhne. Eine solche Wirtschaft genügt den ethischen Ansprüchen des Eigeninteresses und der Nächstenliebe. Es gibt allerdings pathologische Abweichun-

Eingegangen: Erste Fassung: 25. Januar 2004;
zweite Fassung: 18. Juni 2005

Professor (em.) Dr. Dr.h.c.mult. Horst Albach, Waldstr.49, 53177 Bonn

ZfB ZEITSCHRIFT FÜR BETRIEBSWIRTSCHAFT

gen von den Bedingungen dieser Wirtschaft, z.B. monopolistische Ausbeutung der Konsumenten, die mit dem Kategorischen Imperativ nicht vereinbar sind. Die Ordnungsethik hilft, eine Ordnungsmoral zu schaffen, welche diese pathologischen Fälle beseitigt.

- Bei unvollkommenem Wettbewerb gibt es Handlungsspielräume für den einzelnen und für das Unternehmen. Es ist vernunftethisch sinnvoll, diese zur Umverteilung zu nutzen. Es ist vernunftethisch kontraindiziert, die antizipierten Handlungsspielräume zur Lockerung des Ziels der bestmöglichen Verwendung der knappen Ressourcen zu nutzen.
- Ordnungsethisch ist es richtig, wenn der Staat eine Wirtschaftsordnung schafft, welche die Anreize, die aus dem Eigeninteresse stammen, nicht verkümmern lässt und wenn der Staat nicht Teilsysteme innerhalb der Wirtschaftsordnung entstehen lässt, welche Anreize zur Ausbeutung des Systems beinhalten und den Einzelnen zum Verstoß gegen das Gebot der Nächstenliebe verleiten.
- Die mikroökonomische Vertragstheorie geht von einer anderen Nutzenfunktion des Einzelnen aus, als sie hier vorausgesetzt wird. Die daraus folgenden Handlungen des Einzelnen sind daher im Sinne dieses Beitrages unmoralisch. Es bedarf folglich einer Vertragsgestaltung (im Rahmen einer adäquaten Ordnungsethik), welche das Eigeninteresse des Partners so verändert, daß es mit dem Eigeninteresse des anderen Partners übereinstimmt. Es ist ethisch nicht zu rechtfertigen, eine unmoralische Nutzenfunktion des Einzelnen vorauszusetzen, die unausgesprochen die Bereitschaft zu Vertragsverhandlungen voraussetzt, die erst nach Abschluß des Vertrages den Grundsätzen der Vernunftethik entspricht.

A. Einleitung

Der Sarbanes-Oxley-Act aus dem Jahre 2002 hat der Diskussion um unmoralisches Verhalten der Unternehmen und um den Erlaß von Kodices ethischen Verhaltens im Unternehmen und von Unternehmen eine konkrete Richtung gegeben: Jedes an einer amerikanischen Börse notierte Unternehmen muß einen „Code of Ethics" erlassen, die Stelle eines „Ethics Administrator" schaffen, die Mitarbeiter in moralisch korrektem Verhalten schulen und im Geschäftsbericht darüber berichten, ob das tatsächliche Verhalten des Unternehmens den im Kodex niedergelegten Normen entsprochen hat. Der Vorstand des Unternehmens hat darüber einen Bericht zu erstatten, und die Wirtschaftsprüfer des Unternehmens haben festzustellen, ob ausreichend Vorsorge getroffen worden ist, um Abweichungen zwischen dem tatsächlichen und dem gewollten Verhalten der Mitarbeiter einschließlich Vorstand (moralisches Risiko) zu verhindern.

In der Betriebswirtschaftslehre ist die Unternehmensethik keine „Spezielle BWL". Sie wird im allgemeinen auch nicht als Pflichtbestandteil von Vorlesungen und Lehrbüchern in „Allgemeiner Betriebswirtschaftslehre" angesehen. Nur wenige Professoren der Betriebswirtschaftslehre haben Lehrbücher über „Unternehmensethik" verfaßt[1]. Einige Fachvertreter haben durch wichtige Beiträge ihren Fachkollegen von der Unternehmensethik abgeraten[2], andere haben ihnen empfohlen, sich mit dem Gebiet der Unternehmensethik näher zu befassen[3]. Neuerdings versuchen Betriebswirte offenbar, einen eigenen unternehmensethischen Markenartikel zu schaffen, die „analytische Unternehmensethik.[4] Ich habe zu zeigen versucht, daß sich Fachkollegen und Studenten auf Forschung und Weiterentwicklung der Theorie der Unternehmung konzentrieren können, ohne die Sorge, sie müssten sich dabei stets einer unternehmensethischen Fundierung ihrer Arbeiten zu vergewissern. Die Betriebswirtschaftslehre ist eine Wissenschaft mit tiefen ethischen Wurzeln[5]. Aber nicht einmal zu einem „Methodenstreit" über die Frage, ob die Betriebswirtschaftslehre einer Ergänzung durch die Unternehmensethik bedarf, ist es bisher gekommen.

Dies verwundert umso mehr, als die meisten Philosophen, die auf dem Gebiet der Ethik arbeiten und sie auf unternehmerisches Handeln anzuwenden versuchen, in ihren Schriften erkennen lassen, daß sie sehr wenig von den betriebswirtschaftlichen Problemen verstehen, mit denen sich Unternehmer, Manager, Mitarbeiter, aber auch Vertreter der Unternehmenstheorie beschäftigen.

In dem Beitrag von Karl Homann über „Ökonomik: Fortsetzung der Ethik mit anderen Mitteln"[6] sehe ich eine Bestätigung dieser Aussage. Für Homann ist die Ökonomik in der Vorhand, die Ethik nicht ihr Lehrmeister. Das Gefangenendilemma ist das Grundmodell der modernen Ethik[7]. Wir haben also allen Grund, selbstbewusst zu sagen: Die Betriebswirtschaftslehre ist eine Wissenschaft, die auf soliden ethischen Fundamenten ruht. Ihre Prinzipien (oder entscheidungstheoretischen Axiome) sind Operationalisierungen ethischer Grundsätze. Aber diese Erkenntnis hat sich im Fach noch nicht durchgesetzt.

Im folgenden soll daher der Versuch gemacht werden, die Unternehmensethik aus der Allgemeinen Ethik heraus zu entwickeln und zu zeigen, daß die Unternehmensethik bisher nicht gezeigt hat, daß es einer Veränderung betriebswirtschaftlicher Aussagen bedarf. Vielmehr lässt sich weder die Forderung nach „Dominanz der Nächstenliebe" im unternehmerischen Handeln vernunftethisch rechtfertigen, noch ist die Forderung nach Diskursethik geeignet. Konflikte zwischen Mitarbeitern und im Unternehmen vernünftig zu lösen. Die Betriebswirtschaftslehre ist eine Wissenschaft, die unter dem Postulat der „Ethik des Schaffens"[8] steht. Bei guter Corporate Governance ist die „Ethik des Teilens"[9] Sache der Eigentümer des Unternehmens. Nikolaus Schweickart hat die „bei den Shareholder Value-Fanatikern des Kapitalmarktes außerordentlich unpopuläre" Meinung vertreten, daß „die Unternehmen heute die Mäzene, die Nachfahren der Royals, der Bischöfe, der Herzöge sind"[10] und daher über die Verteilung des Gewinns für kulturelle Zwecke „in eigener Verantwortung" entscheiden dürfen. Das Mandat zu solcher Investition in das Ansehen des Unternehmens könnte aber auch von der Hauptversammlung oder zumindest vom Aufsichtsrat kommen. Dieser sollte im „Bericht des Aufsichtsrats" darauf eingehen.

Innerhalb der Unternehmensethik wird zwischen individuellem Handeln (Individualethik) und Gruppenhandeln (Organisationsethik) unterschieden. Dabei wird gefragt, ob diese Bereiche Ergänzungen der Unternehmens-Theorie und der Management-Praxis darstellen. Als Ergebnis wird abgeleitet, daß bei richtiger Wahl der individuellen Nutzenfunktion die Unternehmensethik überflüssig ist: die Theorie rationaler Entscheidungen ist eine auf unternehmerische Entscheidungen angewandte Vernunft-Ethik. Für das Management von Unternehmen folgt: Organisationsstruktur und Prozeßstrukturen sind so zu wählen, daß das Handeln der Menschen innerhalb der Organisation und gegenüber dem Umfeld des Unternehmens den Kategorischen Imperativ nicht verletzt. Der Kategorische Imperativ ist die Basis der Vernunftethik. Rationale Organisationsgestaltung deckt sich mit vernunftethischem Verhalten. Vernunftethisch ist es geboten, bei jeder Entscheidung bzw. Organisationsgestaltung nicht nur die erwünschten Wirkungen, sondern auch die unerwünschten Nebenwirkungen zu analysieren. Für den Entscheidungstheoretiker wie für den guten Manager aber ist das selbstverständlich.

B. Allgemeine Ethik

I. Einleitung

1. Thema

Es erscheint geradezu vermessen, wenn ein Betriebswirt versucht, sich der Unternehmensethik über Werke der Allgemeinen Ethik zu nähern, zumal wenn er selbst der Überzeugung ist, daß es völlig ausreichend ist zu wissen, daß die Theorie der Firma auf festen ethischen Prinzipien aufbaut[11]. Man sehe mir die Unvollkommenheiten dieses Abschnitts nach. Ich hätte den Versuch nicht unternommen, hätte nicht ein anonymer Gutachter der ersten Fassung dieses Aufsatzes[12] darauf bestanden, daß ich Werke der Allgemeinen Ethik berücksichtige und meine eigene ethische Position klarstelle.

Die Ethik bietet dem Betriebswirt ein facettenreiches Bild. Einerseits gewinnt man den Eindruck, daß die Nikomachische Ethik und die Kantsche Ethik alles Wesentliche über Ethik und Moral aussagen: die Eudaimonia, die Glückseligkeit, als Ziel menschlichen Daseins bei Aristoteles und der Kantsche Imperativ als Weg des Menschen als Zoon Politicon, zu diesem Ziel zu gelangen.

Andererseits erscheint Ethik in der Vielfalt ihrer Ausprägungen auch verwirrend: Man begegnet der „Anthropozentrischen Ethik“ (Siep) und der „Kosmos-Ethik“ (Siep). Die „antike Glücks- und Tugendethik“ (Siep) wird der „Diskurs-Ethik“ (Habermas, Beschorner) gegenübergestellt. Ob die Diskursethik mit der „kommunikativen Ethik“ (Rusche) identisch ist, lässt sich bezweifeln, da Diskurs verbale Kommunikation bedeutet, Kommunikation aber auch die non-verbale Kommunikation umfasst. Die „intergenerative Zukunftsethik“ (Siep) ist nicht deckungsgleich mit der „Brüderlichkeitsethik“ (Habermann). Die „Handlungsethik“ (Homann) wird von der „Entscheidungsethik“ (Kreikebaum) unterschieden. Die „Ordnungsethik“ (Homann, Soltwedel, Herrmann) verweist auf die Pflichten des Staates oder allgemein von Institutionen, während die „Verantwortungsethik“ (Jonas, Elsässer) das Handeln des Staates wie des einzelnen umfasst. Nicolai Hartmann behandelt die „philosophische Ethik“ (auch: Honnefelder) des 19. Jahrhunderts. Er spricht aber auch von derm „kontemplativen Ethik“, der „materiellen Wertethik“ und der „Normativen Ethik“. Die „neue philosophische Ethik“ wird von Max Scheler entwickelt. Für Hartmann ist der Utilitarismus (Bentham, J.S. Mill, Sidgwick, Edgeworth, Harrod) ein Irrweg der philosophischen Ethik, für Harsanyi ist der Utilitarismus die Grundlage seiner „Vernunftethik“. Es gibt eine „Christliche Ethik“ (Pawlas, Trayser), eine „Gesinnungsethik“ (Simon, Enderle), eine „Mitleidsethik“ (Klopfer). Kreikebaum unterscheidet zwischen einer „materialen“ und einer „formalen“ Ethik. Eine Unterscheidung zwischen

„deontologischer" und „teleologischer Ethik" findet sich bei Spaemann. Krelle unterscheidet zwischen „positiver" und „negativer" Ethik. Otto Schlecht differenziert innerhalb der „Ordnungsethik" der Wirtschaft zwischen „individualethischen Aspekten" und „sozialethischen Aspekten". Hermann Lübbe braucht die Unterscheidung zwischen „moralischer Vernunft" und „instrumenteller Vernunft" (Horkheimer), um zu folgern: „Vertrauen in die Leistungen des Fachmanns ist es, das als Sozialkitt für den Zusammenhalt komplizierter Gesellschaften unabdingbar bleibt"[13]. Es gibt sogar eine „Republikanische Ethik" (Lorenzen in Steinmann/Löhr).

Handeln und Verantwortung auf verschiedenen Lebensgebieten werden unter ethischen Gesichtspunkten in der „Wirtschaftsethik" (Giersch, Enderle, Herrmann) und der „Unternehmensethik" (Steinmann, Löhr) untersucht. Jöstingmeier spricht von „Pragmatischer Unternehmensethik". Es gibt eine „Medizinethik" (Schäfer, Fahr et al.), eine „Versicherungsethik" (Beckmann), und eine Berufsethik" (Pawlas). Sass kennt ein „europäisches Binnenethikrecht". Das Fehlen einer „Kapitalmarktethik" wird von Wolfgang Gerke festgestellt[14]. Friedhelm Hengsbach und Bernhard Emunds halten die unveränderte Neuauflage der „Börsenethik" von Oswald von Nell-Breuning gerade deshalb für berechtigt, „weil die Entwicklungen der internationalen Finanzmärkte seit einigen Jahren die Realwirtschaft erheblich stärker beeinflussen als früher[15].

Nach ihren Autoren werden die „aristotelische Ethik", die „platonische Ethik" und die „stoische Ethik" unterschieden (Siep). Siep spricht auch von den „Autonomie-Ethikern des 18. Jahrhunderts" und den „modernen Ethikern".

Die „Stufenethiker" teilen die Ethik in die „klassische Ethik", die „vorneuzeitliche Ethik" und die „moderne Ethik" ein (Siep). Tugendhat kennt nur zwei Stufen: die „vormodern-traditionalistische Ethik" und die „moderne Ethik"[16]

Jörg Staute hält Ethik für einen „entbehrlichen Luxus"[17], ja, das siebente Kapitel widmet sich sogar der „Ethiklüge". Zwar widerspricht ihm Gauly[18], aber hinter dem Verdikt Dieter Schneiders, der die Forderung nach Unternehmensethik in der Betriebswirtschaftslehre als „Etikettenschwindel" bezeichnet[19], bleibt diese Kritik weit zurück. Der von Schneider diagnostizierte Etikettenschwindel wird offenbar von den Unternehmensethikern betrieben, die nach Mark Siemons „ängstlich um Macht und Einfluß buhlen" und daher „nicht ernst genommen werden können"[20].

Bei der Darstellung der Allgemeinen Ethik sollte man wohl bei Pythagoras[21] anfangen und bei Jonas[22] nicht aufhören. Ich würde bei Wilhelm Krelle[23] aufhören[24], wenn ich einen historischen Abriß der Allgemeinen und der Unternehmensethik schreiben wollte. Hier soll aber ein systematischer Ansatz gewählt werden.

2. Definitionen

Nach Jan Beckmann ist *Ethik* „die kritische Analyse und Prüfung von Normen und der auf sie rekurrierenden Argumente". „Ethik ist die (wissenschaftliche) Reflexion über Praxis, d.h., über Moral"[25]. Für Harsanyi ist Ethik „eine Theorie rationalen Verhaltens im Dienste der gemeinsamen Interessen der Gesellschaft als Ganzer"[26]. Das Wort „Ethik" stammt nach Spaemann von Aristoteles. In seiner Nikomachischen Ethik ist sie „das Gehäuse von Gewohnheit und Sitte, das unser Handeln trägt und orientiert und das umgekehrt durch unser Handeln reproduziert und modifiziert wird"[27]

Moral dagegen ist „die Gesamtheit der von einer gegebenen Gesellschaft zu einer bestimmten Zeit als verbindlich akzeptierten Normen Gutes bewirkender und Schlechtes vermeidender Handlungen“[28]. Moral bezieht sich wesentlich auf Praxis.

3. Grundlagen der Ethik

Einig sind sich offenbar alle Ethiker darin, welche Prinzipien die Grundlage der Ethik bilden. Ethik beruht auf dem *„Prinzip der Freiheit“*[29]. Zum Prinzip der Freiheit gehört das *„Prinzip der Gleichheit“* hinzu. „Unter Unfreien gibt es keine Gleichheit“, stellt Starbatty fest[30]. Nur bei gegebener Gleichheit kann das *„Prinzip der Gerechtigkeit“* Geltung erhalten[31]. Nach Harsanyi sind alle moralischen Pflichten gegenüber anderen Menschen auf die *„Prinzipien allgemeinen Wohlergehens“* und *„menschlicher Zuneigung“* gegründet[32]. Hierzu gehören auch das *„Prinzip der Menschenwürde“* und das *„Prinzip der Solidarität“*.

Glaubwürdigkeit, Ehrlichkeit, Vertrauen und Offenheit, Sorgfalt und Respekt vor Kunden und Mitarbeitern gelten heute wie früher, meint Gauly[33]. Schön wär’s.

In diesem Zusammenhang sind auch die *„fünf C der wahren Religion“* zu nennen, die Hans Küng dem „Singapore Dream“ entgegenstellt: *Creed, Cult, Code, Conduct, Community*[34]

II. Vernünftiges Handeln

1. Vernünftiges Handeln des Einzelnen

a. Das Ziel des Handelns

Für den Betriebswirt sind diese Definitionen und Grundlagen sehr unbestimmte, um nicht zu sagen: schwammige Begriffe. Zu fragen ist, ob es gelingt, sie zu konkretisieren. Aus den Definitionen leiten wir zwei Definitionsmerkmale ab:

1. Normen
2. Handlungen.

Wer die *Normen* erfüllen will, muß vernünftig handeln. Die Vernunftethik ist also Ausgangspunkt und Grundlage der weiteren Betrachtung.

Nun gibt es sehr verschiedene Vorstellungen darüber, was „vernünftiges Handeln“ bedeutet.

Ludwig Siep stellt nüchtern fest: „Den Vernunftbegriff Kants teilt kaum einer seiner Nachfolger“[35]. Und er fährt fort: „Die *moralische Vernunft*, die für Kant allein dem Dasein der Welt einen Sinn verleiht, ist ja nicht die Interessen kalkulierende und universal respektierende Vernunft, sondern die ihre eigene Gesetzlichkeit bezweckende, im Sinne der platonischen Tradition *überweltliche Vernunft*“. Mit solchen Definitionen von Vernunft kann der Betriebswirt nichts anfangen. Vernünftiges Handeln wird durch Axiome definiert. Es gibt durchaus unterschiedliche Axiomen-Systeme. Diese werden in der Entscheidungstheorie abgehandelt. Vernünftig ist also ein Handeln, das die Axiome rationalen Handelns nicht verletzt.

Mit dem Ziel vernünftigen *Handelns* beschäftigt sich die teleologische Ethik. Das Ziel ist nach Aristoteles die Eudaimonia, die Glückseligkeit. Spaemann nennt dieses Ziel das

„Gelingen des Lebens“[36]. Ist es das „individuelle Streben nach Selbstvervollkommnung und wahrhaftem Glück“, wie es wohl die Antike lehrte, ist es „the pursuit of happiness“ in der Verfassung der Vereinigten Staaten von Amerika oder ist es vielmehr die Erfüllung „interpersonaler Pflichten“ bzw. die „Moral universaler und gleicher Kooperationspflichten“ oder beide nebeneinander, wie es Habermas vorgeschlagen hat?[37]

Stellt man die beiden Ziele nebeneinander, dann muß man die relativen Gewichte bestimmen, mit denen sie in die Zielfunktion eingehen. Das ist das bekannte Problem des Multi-Objective Programming[38]. Allgemeiner ist das Ziel als mehrdimensionale Nutzenfunktion zu formulieren. Harsanyi schlägt vor, als Ziel die Maximierung des durchschnittlichen Nutzenniveaus aller Menschen in der Gesellschaft zu wählen. Eine solche Nutzenfunktion enthält als Argumente nicht bloß das pure Eigeninteresse. Antisoziale Präferenzen haben in dieser Nutzenfunktion keinen Platz. Ausdrücklich werden Sadismus, Neid, Rache und Bösartigkeit genannt und ausgeschlossen[39]. Mit anderen Worten: Opportunistische Gewinnmaximierung (Unternehmer) und opportunistische Nutzenmaximierung (Arbeitnehmer) sind unethische Ziele.

Natürlich sind damit auch die Verursachung von Umweltschäden[40] und die Bildung von Kartellen ausgeschlossen, da sie die Interessen der Partner – im einen Falle aller Menschen, im anderen Falle aller Kunden – verletzen. Herbert Hax scheint anderer Ansicht zu sein: „Die Bereitschaft des einzelnen, persönliche Interessen hintanzustellen, ist nur begrenzt vorhanden und lässt sich auch durch moralische Appelle nicht beliebig vermehren“[41]. Es geht aber gar nicht um Altruismus, sondern um vernünftiges Verhalten bei einer Zielfunktion, die berücksichtigt, daß die eigenen Interessen komplementär zu den Interessen aller anderen Individuen sind, so daß es im eigenen Interesse liegt, auch die Interessen der anderen Individuen zu fördern[42]. Diese auch als Folk-Theorem bezeichnete Überlegung lässt sich allerdings in Zweifel ziehen, wenn man von endlichen Spielen ausgeht. Aber auch dann würde eine Mehrheit der Individuen das Wohlfahrtsinteresse der anderen Mitglieder der Gesellschaft berücksichtigen.

Das *Ziel* des Handelns lässt sich mit „Glückseligkeit“ oder „gelungenem Leben“ zwar charakterisieren, aber es ist so vage, daß es das Handeln nicht leiten kann. Soll man wie Thornton Wilder sagen: Wann immer einen Menschen der Tod ereilt, sein Leben war erfüllt? Soll ein Individuum zu jedem Zeitpunkt seines Lebens sagen können: Mein bisheriges Leben ist mir gelungen? Soll er zu einem bestimmten Zeitpunkt in seinem Leben sagen: Ich bin glücklich: ich habe alle meine Ziele, die ich mir in der Vergangenheit gesetzt habe, erreicht! Nun wende ich mich neuen Zielen zu! Soll er wie Polykrates zu seinem Freund sagen: „Gestehe, daß ich glücklich bin!“ Oder mit der Bibel sprechen[43]: Was hülfe es dem Menschen, so er die ganze Welt gewönne und nähme doch Schaden an seiner Seele! Oder mit Faust: Sollt je zum Augenblick ich sagen: Verweile doch, Du bis so schön…!

Für die Betriebswirtschaftslehre sind das alles unbrauchbare Vorstellungen vom „Gelingen des Lebens“. Der einzelne Mensch im Unternehmen setzt sich Ziele, erreicht er sie nicht, mag er sich im nächsten Schritt mehr anstrengen oder aber seine Ziele absenken. Herbert Simon hat diesen Prozeß „Satisficing“ genannt. Zu Beginn seines Lebens mögen die Ziele des Menschen hoch geschraubt sein, gegen Ende des Lebens sagt er wie im „Candide“: „Cultivons notre jardin“! Das entspricht zwar nicht dem Axiom der Transitivität, wird aber dennoch als rationales Handeln anerkannt.

Je mehr der Staat dem Einzelnen die Aufgabe der Zukunftsvorsorge abnimmt, desto kürzer wird die Zeitspanne sein, für die der Einzelne anstrebt, sein Leben als gelungen bezeichnen zu können. Für das Unternehmen dagegen wird in der Betriebswirtschaftslehre eine unendlich lange Lebenszeit angenommen. Auf einem optimalen Zeitpfad in die Unendlichkeit zu sein, heißt, von einem gelungenen Leben des Unternehmens sprechen zu können. Und dies alles unter Unsicherheit!

b. Vernünftiges Handeln bei Unsicherheit

Die Frage, was denn Rationalität bei Unsicherheit über die Zukunft sei, wird in der Allgemeinen Ethik, soweit ich sehe, nicht behandelt. In der Unternehmensethik wird, soweit sie axiomatisch begründet wird, als Zielfunktion die Maximierung des Erwartungswertes des sozialen Nutzens angenommen. Auf die Diskussion zwischen Rawls und Harsanyi darüber, ob die MaxMin-Regel der Entscheidung unter Unsicherheit rational ist oder nicht[44], braucht hier nicht näher eingegangen zu werden, weil diese Diskussion außerhalb der Gegenstände liegt, mit denen sich die Allgemeine Ethik beschäftigt. Wichtig ist jedoch die Bemerkung von Frank Knight, die Einstellung der Menschen gegenüber Chancen und Risiken sei „sprichwörtlich irrational“[45]. Irrationales Handeln ist nach der hier vertretenen Ansicht ein Verstoß gegen die Vernunftethik in Form der Zukunftsethik. Soweit sich Individuen gegenüber der Zukunft tatsächlich irrational verhalten, sind Institutionen zu schaffen, welche den Menschen Anreize geben, sich rational zu verhalten. Das ist ein Problem der Ordnungsethik.

Vernünftiges Handeln heißt Anwendung des *Wirtschaftlichkeitsprinzips*. Es dürfen auf dem Weg zum Erreichen des Ziels keine knappen Ressourcen verschwendet werden. Dieses Postulat findet sich auch in der Allgemeinen Ethik. Aber was ist Ressourcenverschwendung bei Handeln unter Unsicherheit? Erneut empfindet man sich von der Allgemeinen Ethik im Stich gelassen. Ist es ethisch verwerflich, wenn die von den Aktionären gewählten Vorstände mit einer anderen Risikopräferenz handeln als die Aktionäre? Handeln Vorstände unethisch, wenn sie größere finanzielle Reserven halten, um in Zeiten einer potentiellen Wirtschaftskrise Mitarbeiter nicht entlassen zu müssen, wenn sie sich gleichzeitig Forderungen der Mitarbeitervertretung gegenübersehen, das Geld zur Schaffung neuer Arbeitsplätze zu investieren? Gegeben die Zielfunktion des Vorstands, ist es vernunftethisch begründet, Liquidität zu halten? Die.Kosten der Liquiditätshaltung sind keine Verschwendung. Im ersten Falle kennen die Vorstände die Risikopräferenz ihrer Aktionäre, wenn sie das unternehmensspezifische Risiko kennen, das aus den Aktienkursbewegungen abgeleitet wird (den Beta-Faktor). Weicht ihre eigene Risikopräferenz von dem Markt-Beta ab, gleichgültig, ob nach oben oder unten, müssen sie das ihren Aktionären erklären. In jedem Falle entstehen Kosten, welche die Aktionäre als Verschwendung von knappen Ressourcen ansehen: bei hoher Risikoscheu entgangene Gewinne aus unterlassenen Investitionen, bei niedriger Risikoscheu Kosten aus der Erhöhung der Insolvenzwahrscheinlichkeit.

2. Vernünftiges Handeln in der Gemeinschaft.

a. Der Kant'sche Kategorische Imperativ

Der Kategorische Imperativ lautet: Handle so, daß die Maxime deines Willens jederzeit zugleich als Prinzip einer allgemeinen Gesetzgebung gelten könne“[46]. Eine leicht abweichende Formulierung lautet[47]: „Handle nur nach derjenigen Maxime, durch die du zugleich wollen kannst, daß sie ein allgemeines Gesetz werde". Oder auch: „Handle so, als ob die Maxime deiner Handlung durch deinen Willen zum allgemeinen Naturgesetz werden sollte".

Da der Kant'sche Kategorische Imperativ als ein allgemeines Sittengesetz gilt, das zeit-, raum- und kulturübergreifend gilt, gelten auch die sittlichen Grundwerte: Nächstenliebe, Fernstenliebe, Gerechtigkeit, Wahrhaftigkeit, Zuverlässigkeit und Treue, allgemein[48]. Daraus folgt, daß der Kategorische Imperativ für den einzelnen Menschen wie für alle Menschen in der Gesellschaft gilt.

Da die Interessen und Tugenden der Menschen aber durchaus unterschiedlich sein können, ist es wohl mit dem Kategorischen Imperativ vereinbar, wenn die Individuen (und Institutionen, z.B. Unternehmen) in Vertragsverhandlungen versuchen herauszufinden, was denn der genaue Inhalt der Interessen des Nächsten bzw. Fernsten ist, den (oder die) zu lieben der Kategorische Imperativ jedem einzelnen vorschreibt. Aber dann sind Vertragsverhandlungen ein besonderes *Entdeckungsverfahren* (bei Unsicherheit über die Interessen des Nächsten oder Fernsten) und nicht ein *Motivationsverfahren*, in dessen Verlauf die unterschiedlichen Interessen der Partner zur Deckung gebracht werden. Der Kategorische Imperativ führt zu Kosten der Unsicherheitsreduktion und zu First-Best-Lösungen, opportunistisches Verhalten führt zu Informationskosten und Motivationskosten und zu Second-Best-Lösungen. Bei Opportunismus dient das Entdeckungsverfahren dazu herauszufinden, wie man den Partner am besten „über's Ohr hauen kann",.bei Kant'scher Nutzenfunktion dient das Entdeckungsverfahren dazu herauszufinden, welche Vereinbarung die Interessen beider Partner am besten erfüllt. Opportunismus verstößt also gegen das Wirtschaftlichkeitsprinzip und damit gegen die Vernunftethik[49].

Paul Mikat zitiert „eine zweite berühmte Fassung des Kategorischen Imperativs": „Handle so, daß Du die Menschheit sowohl in Deiner Person als in der Person eines jeden anderen jederzeit zugleich als Zweck, niemals bloß als Mittel brauchst"[50]. Der Kategorische Imperativ beruht also auf dem *„Prinzip der Gegenseitigkeit"*, das Voraussetzung für die Aufnahme von Vertragsverhandlungen ist, nicht Ergebnis des Vertragsabschlusses. Mit Recht spricht daher Herbert Giersch von dem *Prinzip der Nichtdiskriminierung* als einem universalisierbaren Prinzip im Sinne von Kants Kategorischem Imperativ[51]. Das *„Prinzip der ethischen Reziprozität"*, das im Kategorischen Imperativ schon seine gültige Formulierung gefunden hat, bezieht sich auf das Leben der Menschen miteinander. Das geht ganz deutlich auch aus der Formulierung des Prinzips der ethischen Reziprozität hervor, die sich bei Ulrich findet: „Von ethischer Reziprozität im Sinne des Standpunkts der Moral kann erst dort die Rede sein, wo die wechselseitige Rücksichtnahme aufgrund des unbedingt gebotenen Vorrangs der Menschenwürde und Autonomie der anderen Person **vor** (Hervorhebung vom Verfasser) allen egozentrischen Nutzenkalkülen um ihrer selbst willen anerkannt wird"[52]. Meiner Meinung nach ist die Unterordnung des Eigeninteresses unter das Interesse des anderen vernunftethisch nicht geboten

In der neueren Ethik lässt sich eine Tendenz feststellen, den Kategorischen Imperativ auch auf die unbelebte Natur auszudehnen. Das geht aus dem Satz von Siep hervor: „Die moderne Ethik leidet an einem Mangel an Kriterien des richtigen Umganges mit nichtpersonalen Wesen, von unmündigen Menschen über Tiere und Pflanzen bis zur unbelebten Natur"[53]. Solche Überlegungen, so großes Gewicht sie in Fragen der Tierversuche und des Umweltschutzes haben, lassen sich jedoch nicht aus dem Kategorischen Imperativ herleiten. Dieser hat für das Handeln in der Gemeinschaft Bedeutung. Das menschliche Leben ist „gelungen", wenn das eigene Handeln auch andere Menschen glücklich macht. Diese Erkenntnis ist aber schon längst Allgemeingut in der betrieblichen Personalpolitik, die vernünftiges Handeln gegenüber den Mitarbeitern fordert. Paternalistische Formen der betrieblichen Sozialpolitik fordert der Kategorische Imperativ nicht. Es kann sogar sein, daß solche Formen der Personalführung ungewollte Nebenwirkungen haben und daher vernunftethisch nicht zu rechtfertigen sind[54]. Ich halte eine anthropozentrische Ethik in der Betriebswirtschaftslehre, angewandt auf die belebte und die unbelebte Natur für ethisch gerechtfertigt.

b. Handeln bei Unsicherheit über das Verhalten des Nächsten

In der Allgemeinen Ethik finden sich – soweit ich sehen kann – keine Ausführungen darüber, wie sich der einzelne ethisch zu verhalten hat, wenn er unsicher über das Verhalten des anderen ist. Daher könnte ich mich auf den Hinweis beschränken: Die Spieltheorie ist eine direkte Anwendung der Vernunftethik. Folglich sind alle Handlungsweisen, welche sich aus spieltheoretischen Überlegungen (oder auch Modellen) ergeben, moralische Handlungen. So einfach wollen wir es uns aber nicht machen.

Nehmen wir zunächst ein kompetitives (nicht kooperatives) Spiel an. Bei gleicher Risikoscheu würden beide Spieler keine Investition tätigen, wenn mit einer nicht zu vernachlässigenden Wahrscheinlichkeit die künftige Wirtschaftslage schlecht sein wird. Einer der Spieler sei nun aber risikoscheuer als der andere (der eine entscheidet nach der MaxMin-Regel, der andere nach der Regel, den erwarteten Nutzen zu maximieren). Beide kennen das Verhalten des anderen angesichts von Risiko noch nicht. Der risikoscheue Manager investiert nicht, der andere investiert. Das ist der Anfang vom Ruin des risikoscheuen Spielers. Ich halte diese Form von asymmetrischer Information für ethisch unbedenklich. In einem Mehrperioden-Spiel lernt der risikoscheue Manager das Verhalten des anderen am Markt kennen. Wenn er zulässt, daß der andere seine größere Risikoscheu „ausbeutet", ist er das selber schuld. Der Nutzenmaximierer schafft übrigens auch größere Kapazitäten und bewirkt damit niedrigere Preise für seine Kunden am Markt, dient also den Interessen der Konsumenten.

Wir wählen nun das Gefangenen-Dilemma als Beispiel. Das Verhalten der beiden Spieler ist dem anderen unbeakannt, kann aber durch Absprache ermittelt werden. Im einfachen wie im wiederholten Spiel sind Absprachen zwischen den Agenten nicht nur vernünftig, sondern sogar optimal. Gleichwohl sind sie verboten. Mit Recht. Sie verletzen nämlich die Interessen der Konsumenten am Markt, da Absprachen zu höheren Preisen und geringeren Produktionsmengen führen. Bei Unsicherheit über das Verhalten des Konkurrenten werden die Interessen der Konsumenten besser gewahrt.

Könnte eine gesetzliche Regelung vermieden werden, wenn diese Verletzung des Kategorischen Imperativs vernunftethisch vermieden werden könnte? Zum Ersten ist das Verhalten in dem geschilderten Gefangenen-Dilemma nur innerhalb des gegebenen Modells vernünftig. Offenbar werden in dem Modell aber die Konsumenten deshalb vernachlässigt, weil sie ihre Interessen nur mit gesetzlichem Schutz durchsetzen können. Es sind zu viele kleine Konsumenten am Markt. Wenn nun den beiden Wettbewerbern nur wenige große Nachfrager gegenüberständen, würden diese ihre Interessen mit ihrer Nachfragemacht durchsetzen bis hin zum Recht der Einsicht in die Kostenrechnungen ihrer Lieferanten. In einem solchen Falle liegt es im Interesse der beiden Anbieter, die Interessen ihrer Abnehmer in ihr Kalkül einzubeziehen. Es lohnt sich für sie, auf Absprachen zu verzichten.

3. Vernünftiges Handeln in der Zeit

Martin Luther hat, wenn ich recht sehe, diejenigen Probleme, die heute unter dem Namen *„Zukunftsethik"* behandelt werden, in seinen wirtschaftsethischen Betrachtungen erwähnt. So heißt es bei ihm, der Christ sei zwar zu radikaler Opferbereitschaft verpflichtet, allerdings müsse er, um geben zu können, erst einmal etwas besitzen. „Was nichts hat, das gibt nichts. Und sol er morgen oder übermorgen oder über ein iar auch geben, denn Christus heißt mich geben, solange ich lebe, so kann er's nicht heut alles weg geben. Es ist nicht so gemeint, daß man so arm sein müsse, daß man gar kein Eigentum habe. Denn es kann die Welt nicht so bestehen, daß wir alle Bettler sein und nichts haben sollten"[55]. Die Ethik des Schaffens geht der Ethik des Teilens vor.

Hans Jonas hat nach Ansicht von Horst Hermanni eine „normative Zukunftsethik" entwickelt. Sein „Kategorischer Imperativ" lautet: „Handle so, daß die Wirkungen deiner Handlung verträglich sind mit der Permanenz echten menschlichen Lebens auf Erden"[56]. Jonas hat einen ganzen Abschnitt seines Buches „Das Prinzip Verantwortung" der „Pflicht zur Zukunft" gewidmet. Darin behauptet er, das Prinzip der Reziprozität entfalle in der Zukunftsethik. Das Verhalten gegenüber Kindern sei „die einzige von der Natur gelieferte Klasse völlig selbstlosen Verhaltens"[57]. Ich halte das für falsch. Es erscheint mir richtiger, den Kategorischen Imperativ auch auf das Generationen-Problem anzuwenden: Handle so, als ob die Maxime deiner Handlung durch deinen Willen zur Maxime künftiger Generationen werden sollte. Oder auch: Handle nicht so, daß Du die Lebensbedingungen und Lebenschancen zukünftiger Generationen gefährdest. Jonas formuliert das so: Handle so, daß die Bürde, die du künftigen Generationen durch deine heutige Handlung auferlegst, deren Fähigkeit, sie zu tragen, nicht präjudiziert[58]. Die Zukunft sitzt, vertreten durch einen Proxy, immer mit am Tisch, wenn es um Investitionsentscheidungen geht. Der Proxy hatte unter der Gültigkeit des HGB mehr Gewicht, als er heute unter der Gültigkeit der IFRS hat. Der Proxy der künftigen Arbeitnehmer ist der Kapitalist am Tisch, hat Kurt Biedenkopf in der Mitbestimmungs-Diskussion gesagt. Das Prinzip der Reziprozität gilt also auch in der Zukunftsethik.

Zu bedenken ist allerdings, daß die Interessen zukünftiger Generationen nicht bekannt sind. Wir kennen auch die (technischen und finanziellen) Möglichkeiten nicht, die zukünftigen Generationen zur Verfügung stehen, ihre Interessen zu befriedigen. Moralische Handlungsanweisungen zur Beantwortung dieser Frage gibt uns die Allgemeine Ethik nicht. Die Betriebswirtschaftslehre hat jedoch eine klare Antwort: „Handle so, daß der Wohlstand deiner Kinder und der ganzen folgenden Generation nicht niedriger ist als der deine". Und noch konkreter: „Handle so, daß der kommenden Generation so viele Arbeitsplätze zur Verfügung stehen, wie sie wünscht". Oder: „Handle so, daß es zu keinem Zeitpunkt in der Zukunft unfreiwillige Arbeitslosigkeit gibt!"

Diese Handlungsanweisungen mögen dem einzelnen Fingerzeige für sein Sparverhalten, dwe einzelnen Firma für ihr Investitionsverhalten geben. Zu fragen ist, ob diese moralischen Handlungsweisen weiter konkretisiert werden können, wenn wir die Grundprinzipien der Ordnungsethik zu Hilfe rufen. Zwischen Heute und Morgen ist der Kapitalmarkt zwischengeschaltet. Der Marktzins ist der Preis für die Verschiebung des Konsums von der heutigen auf die zukünftige Generation. Man könnte also sagen, der Zins bewirkt einen gerechten Ausgleich der Interessen der gegenwärtigen Generation und der zukünftigen Generationen. Ob der Zins nun aber ein „gerechter Preis" für Kapital ist, mag man füglich bezweifeln. Gerke hat die Ansicht vertreten: „Zusammenfassend bleibt festzustellen, daß am Kapitalmarkt selbstsüchtiges Verhalten dominiert"[59]. Nun ist selbstsüchtiges Verhalten aber genau dann moralisches Verhalten, wenn die Marktteilnehmer wissen, daß sie den Kapitalmarkt unter ordnungsethischen Aspekten genau so gestaltet haben, daß die Maximierung des individuellen langfristigen Nutzens den höchsten erwarteten durchschnittlichen Nutzen in der Gesellschaft bewirkt. Diese ordnungsethische Konstruktion zur Koordination der Interessen der heutigen und der zukünftigen Generation ist aber gerade deshalb geschaffen worden, weil kein Individuum, kein Unternehmen in einer großen, sehr komplexen und immer stärker auch weltweiten Wirtschaft feststellen oder gar nur abschätzen kann, welche Auswirkungen seine Handlung auf die Wohlfahrt der Welt hat. Wenn die bestehenden Rahmenbedingungen des Kapitalmarkts nach Ansicht aller Beteiligten nicht ausreichen, einen „gerechten" Zins zu bewirken, dann sind die Staaten aufgerufen, die Rahmenbedingungen zu verbessern (etwa durch Basel II) oder jeder einzelne Staat, ein Umverteilungssystem zu schaffen, das nach Ansicht aller Verantwortlichen „Aufteilungsgerechtigkeit" (iustitia distributiva) im Sinne Helmstädters herbeiführt[60]

III. Verantwortliches Handeln

1. Verantwortliches Handeln des Einzelnen

In den Unternehmen gilt ein schlichter Satz: Andere Zahlen oder andere Gesichter! In diesem Satz wird ausgedrückt, daß jeder einzelne die Verantwortung für die Folgen seiner Handlungen trägt. Bei Geltung des *Prinzips der Freiheit* braucht kein Mensch eine Aufgabe oder ein Amt zu übernehmen. Jeder muß die Folgen und Nebenfolgen seines Tuns abschätzen, bevor er die Aufgabe übernimmt. Wenn dann das gesteckte Ziel nicht erreicht wird, trifft ihn (oder sie) die Verantwortung dafür.

Fragt man den Begründer der Verantwortungsethik, Hans Jonas, nach der Antwort darauf, was denn Verantwortung sei und wie derjenige, der seiner Verantwortung nicht gerecht wird, zur Rechenschaft gezogen werden solle, so findet man nur schwer verständliche Antworten. Zum einen ist die Vernunft zu ergänzen um die mit Vernunft nicht begründbare „Ehrfurcht". Zum anderen ist Verantwortung nicht gleich der „Verantwortlichkeit jedes Täters für seine Tat", sondern „die als Pflicht anerkannte Sorge um ein anderes Sein, die bei Bedrohung seiner Verletzlichkeit zur ‚Besorgnis' wird. Als Potential aber steckt die Furcht schon in der ursprünglichen Frage, mit der man sich jede aktive Verantwortung beginnend vorstellen kann: was wird *ihm* zustoßen, wenn *ich* mich seiner nicht annehme? Je dunkler die Antwort, desto heller gezeichnet die Verantwortung". Jonas fordert die „Anstrengung zu selbstloser Furcht". Verantwortliches Handeln heißt für ihn, daß „Fürchten selber zur ersten, präliminaren Pflicht einer Ethik geschichtlicher Verantwortung wird. Jeder, der „Furcht und Zittern" nicht für die „dominante Quelle" seines Handelns hält, handelt unverantwortlich.

Die Mahnung, „Ehrfurcht und Schaudern wieder zu lernen“[61], ist für den Betriebswirt nicht nachvollziehbar und für den Unternehmer unverständlich. Daß er an die zukünftigen negativen Folgen seines Tuns denken soll, heißt Eulen nach Athen tragen (mit Ausnahme von Joseph Schumpeter). Auch daß er dabei weiter in die Zukunft sehen sollte, als das früher üblich war, ist für ihn eine Selbstverständlichkeit. Daß er aber die negativen Folgen stärker gewichten sollte als die zukünftigen Chancen seiner Handlung, ist für den Unternehmer eine Aufforderung zu unvernünftigem Handeln. Für den Unternehmenstheoretiker ist das die Aufforderung, bei jeder Entscheidung nach dem Maximin-Prinzip vorzugehen. Die Konsequenzen haben wir oben am Beispiel des Ruin-Spiels aufgezeigt. Die Folge solcher Entscheidungen unter Unsicherheit kann aber auch die Verschlechterung der Lebensbedingungen für zukünftige Generationen sein. Die Handlungen wären dann ein Verstoß gegen die von Jonas vertretene Vernunftethik. Er selbst bezeichnet seine Ethik, die sich nicht mehr an den Kategorischen Imperativ bindet, als „Metaphysik“[62]. Und das ist die Sache des Betriebswirts nicht.

2. Verantwortliches Handeln des Unternehmens

Für all dies bedürfen Mitarbeiter und Unternehmer in ihrer weitaus überwiegenden Anzahl nicht der Belehrung durch Ethiker oder Unternehmensethiker. Natürlich gibt es unter den Unternehmern „Schwarze Schafe“. Sie müssen und werden durch Gesetz und Markt, durch die Medien und die Öffentliche Meinung zumindest auf mittlere Frist daran gehindert, unmoralisch zu handeln.

Zu fragen ist, ob Institutionen, z.B. Unternehmen, unmoralisch und unverantwortlich handeln. Anfang der siebziger Jahre erregte ein Buch große Aufmerksamkeit, das den Untertitel trug: „Profiles in Corporate Irresponsibility[63]. Die Autoren behaupteten, sechs „repräsentative“ Fälle untersucht zu haben. Das wird von dem Rezensenten des Buches, Professor Katz, rundheraus bestritten. Auch die Skandale der letzten Jahre, angefangen bei Nomura über Anderson zu Volkswagen, können als pathologische Fälle eines Systems angesehen werden, in dem „Whistle Blowing“ oder auch nur die Androhung eines solchen Verhaltens vom Aufsichtsratsvorsitzenden für verwerflich gehalten wird. Es soll aber auch nicht verschwiegen werden, daß manche Kenner diese Fälle für die Spitze eines Eisbergs halten.

Jedes Unternehmen hat langfristige und kurzfristige Ziele. Für die Erreichung dieser Ziele ist der Vorstand des Unternehmens verantwortlich. Die Ziele selbst können unethisch sein. Das war in den Transformationsländern der Fall, wo Marktwirtschaft vielfach mit dem Recht auf räuberische Ausbeutung des Staates im Zuge der Privatisierung gleichgesetzt wurde[64]. Der Vorstand delegiert die Verantwortung für die Zielerreichung auf Mitarbeiter. Es kommt damit zu einer Spaltung von Entscheidung und Verantwortung. Um diesem Dilemma zu entgehen, erlässt der Vorstand generelle Regeln, die sicherstellen sollen, daß der Mitarbeiter sich moralisch korrekt verhält. Verstößt dieser nun gegen diese Regeln, dann beruft sich der Vorstand auf sein Delegationsrecht und der Mitarbeiter auf im konkreten Einzelfall missverständliche Anweisung. Schließlich ist auch die Personalabteilung verantwortlich, weil der Vorstand das Recht auf Einstellung von Personal an die Personalabteilung delegiert hat.

Mit einem anderen Problem des Auseinanderfallens von Entscheidung und Verantwortung hat sich die Administration Johnson beschäftigt. Der Präsident trifft Entscheidungen und übernimmt die Verantwortung der Folgen dieser Entscheidung. Die Entscheidung wird vorbereitet von Mitarbeitern. Sie kondensieren dafür die vorhandene Information und reduzieren die Anzahl der Entscheidungsalternativen. Der Präsident trägt also die Verantwortung für Entscheidungen, deren Vorbereitung seiner Kontrolle entzogen ist. Johnson hat damals ein „Planning-Programming-Budgeting-System (PPBS)" geschaffen, das dieses Dilemma auflösen sollte. Es scheint mir, daß die Ethiker sich solcher ethischer Probleme nicht einmal bewusst sind[65].

C. Wirtschaftsethik

I. Unternehmensethik

1. Individualethik

Die Wirtschaftsethik umfasst die Individualethik (des im Unternehmen arbeitenden Menschen) und die Organisationsethik (der durch ein System von Regeln miteinander verbundenen Kollegen).

In der Individualethik geht es zum einen um die Eigenschaften, die ein Mitarbeiter besitzen muß, und zum anderen um sein Verhalten im Unternehmen. Wenn der Mensch bestimmte Eigenschaften besitzt (Tugendethik), lässt sich auf die Wahrscheinlichkeit ethischen Verhaltens schließen. Bei der Auswahl von Mitarbeitern werden daher die Eigenschaften des Kandidaten ermittelt. Hierbei handelt es sich um die Leistungsbereitschaft, Ehrlichkeit, Sorgfalt, Offenheit und Glaubwürdigkeit des künftigen Mitarbeiters[66].

Das Verhalten des einzelnen Mitarbeiters im Betrieb wird unter dem Gesichtspunkt der Effizienz beurteilt. Effizienz ist ein Gebot der Vernunftethik. Verschwendung ist unethisches Verhalten.

2. Organisationsethik

Unter der Organisationsethik wird einmal das Problem vertikaler Organisation, zum anderen das Problem horizontaler Organisation unter ethischen Aspekten angesprochen.

Unter dem *Problem vertikaler Organisation* wird heute vor allem das Corporate Governance-Problem behandelt. Diese Diskussion wird zwischen Juristen und Organisationstheoretikern geführt, bisher haben die Ethiker in diese Diskussion nicht eingegriffen. Das gilt wohl auch für die ethische Legitimation von Hierarchie. Diese kann vernunftethisch aus drei verschiedenen Gründen gerechtfertigt werden.

Vernunftethisch ist es *erstens* sinnvoll, Verletzungen des Kategorischen Imperativs zu vermeiden. In der von Arrow untersuchten Teamproduktion mit Shirking (unkollegiales und unethisches, opportunistisches Verhalten) ist es vernünftig, einen Kontrolleur zu bezahlen, wenn sein Gehalt kleiner ist als der durch Shirking verursachte Verlust. Die Mitglieder des Teams entscheiden frei, einen „Vorgesetzten" mit dieser Aufgabe zu betrauen.

Vernunftethisch ist es *zweitens* sinnvoll, eine hierarchische Organisation einzuführen, wenn die in der Produktion beschäftigten Mitarbeiter erkennen, daß sie ihren Output deutlich erhöhen können, wenn sie einen „Vorgesetzten" einstellen, der ihnen durch seine

Erfahrungen, durch sein Wissen und durch Übertragung von tacit know-how hilft, die Arbeit besser und schneller zu verrichten. Wenn der Wert des daraus resultierenden Mehr-Outputs größer ist als das Gehalt des „Vorgesetzten", entscheiden sich die Arbeiter in Freiheit, einen solchen Vorgesetzten einzustellen.

Schließlich kann man *drittens* unter Anwendung des Prinzips der Tauschgerechtigkeit argumentieren, daß die Parteien in Freiheit einen Arbeitsvertrag schließen, in dem sich der Arbeitgeber verpflichtet, einen bestimmten Lohn zu zahlen, der Arbeitnehmer sich im Gegenzug verpflichtet, dafür Arbeitsleistungen zu erbringen und das Direktionsrecht des Arbeitgebers zu respektieren.

Es ist trotz dieser ethischen Rechtfertigung von hierarchischer Organisation des Unternehmens nicht ausgeschlossen, daß Konflikte zwischen den Mitgliedern verschiedener Hierarchiestufen auftreten. Für ihre Lösung gibt es unterschiedliche Regelungen. Sie haben in der Bürokratismus-Theorie und in der Prinzipal-Agent-Theorie umfassende Behandlung gefunden und brauchen hier nicht wiedergegeben zu werden.

Probleme *horizontaler Organisation* treten bei voneinander abweichenden Zielen und abweichenden Informationen auf[67]. Konflikte wegen abweichender Information bei übereinstimmenden Zielen werden als Team-Problem im Sinne von Marschak und Radner gelöst. Die Lösung ist mit Kosten unvollständiger Koordination (wegen asymmetrisch verteilter Information) verbunden, ist aber eine first-best-Lösung, also vernunftethisch optimal.

Liegen übereinstimmende Informationen, aber voneinander abweichende Nutzenfunktionen der Individuen vor und erwachsen daraus Konflikte, so haben wir es mit einem Teamproblem bei einer „Gemeinschaft" zu tun. In der Gemeinschaft gilt das Solidaritätsaxiom nicht. Man kann versuchen, den Konflikt durch Abschluß eines anreizkompatiblen Vertrages zwischen den Agenten zu lösen. Das dürfte zu einer second-best-Lösung führen. Die Frage, ob eine solche Lösung der Vernunftethik entspricht, ist bisher, soweit ich sehe, nicht formal beantwortet worden. Eine Lösung, die den Konflikt von vornherein dadurch vermeidet, daß bei der Einstellung der Mitarbeiter geprüft wird, ob solidarisches Verhalten von dem Mitarbeiter erwartet werden kann, ist durchaus vernünftig. Vielfach dient ein Trainee-programm nicht nur zur Einarbeitung des Mitarbeiters, sondern zur Beobachtung solidarischesn Verhaltens im Unternehmen.

Sowohl Kreikebaum[68] als auch Steinmann[69] legen großen Wert auf die Lösung von Konflikten durch Diskurs im Sinne der Diskursethik von Habermas. Spaemann bezeichnet die Diskursethik als einen Versuch, „den Kantischen Begriff der praktischen Vernunft zu operationalisieren und zu entindividualisieren. Ein solcher Diskurs muß drei Bedingungen genügen, wenn er als Äquivalent für das Selbstgespräch des Vernünftigen gelten soll: 1. Herrschaftsfreiheit, 2. Kompetenz, 3. Moralische Qualifikation". Spaemann kommt zu dem skeptischen Ergebnis: „Der Diskurs ist keine Instanz, die elementare sittliche Normen erzeugt. Der ideale Diskurs leistet im Grunde über die Anstrengung der eigentlichen sittlichen Vernunft hinaus gar nichts"[70]. In einem Aufsatz von Edgar Schein findet sich eine schöne Geschichte über die Grenzen der Diskursethik: „A company wanted to institute a new benefit program more favorable to employees. All employees signed up except one older clerk. Kollegen und Vorgesetzte diskutierten mit ihm, erläuterten ihm die Vorteile, der Diskurs zog sich in die Länge. Der Mitarbeiter blieb bei seiner Ablehnung. Schließlich: The President called the old man in, sat him down at the desk, put the paper in front of him, and said, „Listen, you S.O.B., sign that paper right now or your're fired". The old man signed and said: "Well, sir, you were the first one who really explained the program to me!"[71].

Oben ist bereits darauf hingewiesen worden, daß bei vielen Entscheidungen des Unternehmens die betroffenen Personen gar nicht an einem Diskurs über mögliche Konflikte teilnehmen können, z. B. die folgende Generation bei Investitionsentscheidungen, die einen Segen oder eine Bürde in der Zukunft darstellen können. Spaemann zieht den Kreis der Betroffenen, die an einem Diskurs nicht teilnehmen können, noch weiter: Arbeitslose, Kinder, Geisteskranke, Ungeborene. Ob sie alle einen guten Proxy am Tisch haben, mag man füglich bezweifeln.

II. Ordnungsethik

Je kleiner die Spielräume sind, die den Mitarbeitern, Managern und Unternehmern für ihr Verhalten gelassen werden, desto größer ist die Wahrscheinlichkeit, daß sie nicht gegen Prinzipien moralischen Verhaltens verstoßen. „Und führe uns nicht in Versuchung" enthält die Bitte um gute Rahmenbedingungen. Wer solche Rahmenbedingungen setzt, steht in ethischer Verantwortung.

Rahmenbedingungen setzt zunächst das Parlament in Form von Gesetzen. Da die Unternehmerverbände und die Gewerkschaften nach der Geschäftsordnung des Deutschen Bundestages in Gesetzgebungsverfahren gehört werden müssen, bedeutet Staatsversagen auch stets Versagen der Verbände. Damit ist natürlich nicht gesagt, daß die Verbände sich mit ihren Interessen im parlamentarischen Raum stets durchsetzen müssen. Unterschiedliche Interessenlagen (und damit Zielfunktionen) sind bei mehrfachen Zielsetzungen ohne Verstoß gegen ethische Prinzipien durchaus denkbar und wahrscheinlich. Aber die daraus entstehenden Gesetze müssen eine Begründung enthalten, die vernunftethischen Argumenten gegenüber stand hält. Das war z.B. bei der Einbringung des Übernahmegesetzes durch Bundesfinanzminister Eichel seinerzeit der Fall. Er machte klar, daß die Interessen der Mitarbeiter und der mit ihnen koalierenden Vorstände des Unternehmens stärker gewichtet wurden als die Interessen der Kleinaktionäre.

Auch in Deutschland hat es eine Zeit gegeben, in der das Gesetzgebungsverfahren nicht Rechtssicherheit schaffen, sondern gesellschaftliche Prozesse auslösen wollte. Ein solches Gesetz ist wohl auch das Sarbanes-Oxley-Gesetz aus dem Jahe 2002, das für an US-amerikanischen Börsen notierte Unternehmen verbindlich ist. Es enthält die Bestimmung, daß jedes dieser Unternehmen einen Code of Ethics erlässt, dessen Gültigkeit nicht über das jeweilige Unternehmen hinausgeht, die Stelle eines „Ethics Administrator" schafft und mindestens einmal im Jahr darüber berichtet, ob der Code eingehalten worden ist. Verstöße gegen den Code sind im Geschäftsbericht zu melden.

Das Gesetz ist unter dem Eindruck der bekannten Bilanzfälschungen erlassen worden. Es geht auch nicht so weit wie der Gesetzgeber in Deutschland, der einen „Deutschen Corporate Governance Kodex für alle deutschen börsennotierten Unternehmen vorschreibt und den Unternehmen nur die Wahl zwischen Comply oder Explain lässt. Es hat sich inzwischen überdeutlich gezeigt, daß der deutsche Code of Corporate Governance ohne Wirkung geblieben ist. Anders ist die enge Zusammenarbeit zwischen Betriebsrat und Personalvorstand bei VW schwer erklärbar, anders ist auch der gerichtsnotorische Verdacht auf Insiderhandel bei Daimler/Chrysler und Deutscher Bank anlässlich des Ausscheidens von Jürgen Schrempp schwer verständlich

Informationsasymmetrien im Unternehmen sind nicht grundsätzlich abzulehnen. Das hat das Beispiel der Teamproduktion mit Solidarität gezeigt. Soweit sie sich jedoch nachteilig auf die Effizienz der Arbeit im Unternehmen auswirken ist es ethisch geboten, Rahmenbedingungen für moralisches Verhalten im Unternehmen zu setzen. Diese sollen zum einen geltende Gesetze wiederholen (weil nicht jeder Mitarbeiter das Aktiengesetz stets bei sich führt), zum anderen Spielräume, die das Gesetz lässt, unternehmensspezifisch einengen. Solche unternehmensspezifischen Rahmenbedingungen sind Teil der Ordnungsethik, die nach Homann die erste Stufe eines zweistufigen Prozesses der Unternehmensethik bildet[72].

Die Entwicklung solcher unternehmensspezifischer Rahmenbedingungen hat eine lange Tradition. Es sind Papiere über das Selbstverständnis des Unternehmens, Unternehmensgrundsätze, Führungsgrundsätze u.a.m., in denen die unternehmensspezifische Ordnungsethik entwickelt wird. Es sind „Statements of General Business Principles“[73] oder „Policy Statements on Business Ethics“[74] oder “Grundsätze für Zusammenarbeit und Führung”[75] oder auch schlicht: „Individual Business Ethics“[76]. Es lohnt sich, aus dem Schreiben, mit dem Claude Ramsey, Chairman und President von Akzona, diese Grundsätze seinen Mitarbeitern in aller Welt mitteilte: „Recent publicity about the activities of a few corporations gives the impression that unethical practices are a way of corporate life. This is simply not true for most companies and is certainly not true for Akzona Incorporated and its operations.

Most of us have always taken for granted the strict observance of certain simple ground rules for our individual conduct in business matters. Some ethical questions, though, are not always clear-cut to all people – so we think it worthwhile to review written guidelines, especially for new or prospective employees.

Our continuing desire for excellence will cause each of us to press hard for higher sales and earnings, for lower costs, for greater product acceptability. That is the nature of business in a competitive economy, and it usually leads to a more efficient and successful enterprise. But no matter how great the pressure, no matter what form the pressure may take, it should never be interpreted as justification to cut ethical and legal corners. Results are important, but not so important that we can or will tolerate unethical or sharp business practices.

The guidelines are not intended to be all-inclusive, because we are not capable of anticipating all situations which could arise. Nor are they intended to cover the larger corporate responsibilities to employees, to shareholders, to customers, to suppliers, and to society – but they do serve, we hope, to define the minimum standards for acceptable behavior in business activities.”

Manche Institutionen haben unter dem Eindruck, daß die einzelnen Unternehmen sich mit der Formulierung solcher Leitlinien sehr schwer tun, Muster-Ordnungen erarbeitet und veröffentlicht. So hat die Christian Association of Business Executives im Jahre 1974 einen Kodex moralischen Verhaltens veröffentlicht, der im Dezember 1978 neu aufgelegt wurde[77]. Die Internationale Handelskammer hat im Jahre 1977 „Rules of Conduct to Combat Extortion and Bribery in Business Transactions“ erlassen[78]. Im selben Jahr wurde von der Commission on Ethical Practices des International Chamber of Commerce unter der Überschrift „Ethical Practices in Commercial Transactions“ von der Diskussion über eine „Model Contract Clause Concerning Ethical Practices“ berichtet. Ein solcher Modell-Kodex wurde im Anhang veröffentlicht[79]. Der FIDIC Code of Ethics war unter den Mitgliedsverbänden sehr umstritten. Er wurde von einer Reihe von Unternehmen als zu restriktiv empfunden. Die Rahmenbedingungen, die der Code setze, seien zu eng, als daß sie im harten internationalen Wettbewerb eingehalten werden könnten[80]. Er wurde schließlich mit sehr guter Begründung verabschiedet. Die vom Generalsekretär der Vereinten Nationen, Kofi Annan, begründete Global Compact Initiative verfolgt das Ziel, zum weltweit „führenden Qualitätsstandard verantwortungsbewusster Unternehmen“[81] zu werden. Dem Global Compact Network gehören 25 deutsche Unternehmen an: ABB, Allianz, BASF, Bayer, BMW, Business Keeper, DaimlerChrysler, Deutsche Bank, Deutsche Telekom, Epcos, Faber-Castell, Fritz Massong, Gerling, Helog Lufttransport, Henkel, Deutsche Lufthansa, Media Agendur Macondo, Otto-Versand, A.C.A. Riegelsberger, RWE Rhein-Ruhr, SAP, Schefenacker, Siemens, Sitec, Volkswagen.

Der Sarbanes-Oxley-Act hat bereits wichtige Verbesserungen bei den betrieblichen Rahmenbedingungen für individuelles Handeln bewirkt. Vergleicht man die Codices ethischen Verhaltens aus den siebziger Jahren mit den unter dem Sarbanes-Oxley-Gesetz entstandenen Codices, so stellt man fest, daß sie konkreter gefasst sind und den Vorstand in die Verantwortung mit einbeziehen. Die in Denver beheimatete weltweit tätige Firma ProLogis hat einen „Code of Ethics and Business Conduct. A Commitment to Excellence and Integrity“ erlassen. Darin werden die Grundsätze (beliefs) der Unternehmenstätigkeit, die Werte (values) welche die Unternehmenstätigkeit leiten (customers, employees, integrity, commitment, citizenship, excellence) dargestellt und die Prinzipien ethischen Verhaltens formuliert. Es handelt sich um 13 Prinzipien. Daran anschließend werden die Verantwort-lichkeiten von Mitarbeitern und Managern klar formuliert. Zwei Vorschriften aus diesem Kodex erscheinen mir aus betriebswirtschaftlicher Sicht besonders erwähnenswert:

1. Information on company products or services must be accurate and free of misleading or deceptive statements or intentional omissions of material facts. Using deceptive or misleading statements is prohibited. Das schließt opportunistische Ausnutzung von asymmetrischer Information über die Produkte des Unternehmens aus.
2. employees shall disclose any situation of real, perceived or suspected waste, fraud, abuse, or corruption to appropriate management. Managers are responsible for supporting any ethics investigations when called upon. ProLogis is responsible for investigating alleged violations of ProLogis' ethics principles and procedures and for protecting employees who, in good faith, report actual or reasonably suspected ethics violations. Dieses dreistufige Verfahren gewährleistet, daß "whistle blowing" im Allgemeinen nicht nötig ist. Nur für den Fall, daß auch der Vorstand moralisches Versagen nicht ahnden sollte, darf ein Mitarbeiter wohl die Öffentlichkeit davon unterrichten („whistle blowing“), und zwar unter Berufung auf den ersten Satz des Kodex „ProLogis strives to be a company known for its integrity and high ethical standards“.

Meiner Ansicht nach entspricht das von Homann vorgeschlagene zweistufige Verfahren den Anforderungen an eine der heutigen globalen Wirtschaft entsprechende Unternehmensethik. Unterteilt man die Ordnungsethik in die Stufen Gesetz und betriebsspezifischer Kodex, so erhält man drei Stufen einer Unternehmensethik, die einer Verantwortungsethik im hier verstandenen Sinne entspricht: Die Gesetze schließen Wirtschaftskriminalität aus. Für die Verfolgung von Bilanzfälschungen braucht man nicht die Handlungsethik zu bemühen. Die Kodices ethischen Verhaltens und die Unternehmensgrundsätze gelten nur innerhalb des gesetzlichen Rahmens und schränken diesen weiter ein. Es ist Aufgabe der Mitarbeiterführung, durch Vorbild oder Weisung den Rahmen individuellen Verhaltens weiter einzuschränken. Ein solches System ist aber nur dann handlungsethisch zu rechtfertigen, wenn auch die Verantwortung für das Handeln auf jeder Stufe klar den Entscheidungsträgern zugewiesen ist. Verantwortungszuweisungen ohne Sanktionen sind zahnlose Papiertiger.

D. Schlussbemerkungen

Ethik ist eine philosophische Teildisziplin, die sehr weit von der Unternehmenstheorie entfernt ist. Ihr fehlen Präzision und formale Substanz. Unternehmensethik stellt den Versuch dar, allgemeine ethische Prinzipien auf Unternehmen anzuwenden. Dazu ist eine solide Kenntnis unternehmerischen Verhaltens erforderlich. Nicht alle Autoren, die sich mit Unternehmensethik beschäftigen, verfügen über diese Kenntnis. Das ist bei dem Gespräch zwischen Unternehmensethikern und Betriebswirten zu berücksichtigen.

Die teleologische Ethik beschäftigt sich mit dem Ziel des Lebens. In der Nikomachischen Ethik wird sie in heutiger Sprache als das Ziel eines gelungenen Lebens bezeichnet. Das Unternehmensziel der Maximierung des Shareholder-Value über die gesamte Lebenszeit (going-concern-Annahme) entspricht diesem Ziel.

Aus der Nikomachischen Ethik folgt, daß das Ziel des Lebens das glückliche Leben in der Gemeinschaft der Menschen einschließt. Das Wohlergehen des Nächsten ist folglich nicht Nebenbedingung, sondern Ziel unternehmerischen Handelns.

Aus der Nikomachischen Ethik kann keine Pflicht zur Berücksichtigung von belebter und unbelebter Natur außerhalb des Menschen gefolgert werden. Sie bleibt innerhalb einer anthropozentrischen Ethik. Diese Ethik ist auch verbindlich für die Unternehmensethik.

Die Handlungen, mit denen das genannte Ziel erreicht werden soll, folgen aus dem Kategorischen Imperativ. Dieser folgt aus der Vernunftethik. Alle unternehmerischen Entscheidungen sind vernunftethisch begründet. Sie entsprechen daher dem kategorischen Imperativ als Handlungsmaxime.

Opportunismus steht im Widerspruch zur Nikomachischen Ethik. Opportunistisches Handeln lässt sich nicht mit dem Kategorischen Imperativ vereinbaren.

Ethisches Handeln des Unternehmens und seiner Mitarbeiter wird durch Rahmenbedingungen erleichtert, welche der Staat oder die Staatengemeinschaft, aber auch die Unternehmensleitung setzen. Staatshandeln unterliegt den Forderungen der Vernunftethik und der Ordnungsethik. Rahmenbedingungen, welche die Unternehmen erlassen, können „Codes of Ethics" sein, wie sie der Sarbanes-Oxley-Act fordert. Sie sind ethisch begründet, wenn sie Komplementarität zwischen den Zielen aller Beteiligten herstellen. Komplementarität stellt aber auch der Markt her.

Der Diskursethik kommt im Rahmen der Vernunftethik nur begrenzte Bedeutung zu. Große Bedeutung kommt dagegen der Zukunftsethik zu. Schaffen (vor allem neuer Arbeitsplätze) geht vor Teilen.

Anmerkungen

1 Kreikebaum, Hartmut: Grundlagen der Unternehmensethik, Stuttgart 1966; Steinmann, Horst; Löhr, Albert: Grundlagen der Unternehmensethik: Stuttgart 1992; Löhr, Albert: Unternehmensethik und Betriebswirtschaftslehre: Untersuchungen zur theoretischen Stützung der Unternehmenspraxis, Stuttgart 1991

2 Schneider, Dieter: Wird Betriebswirtschaftslehre durch Kritik an Unternehmensethik unverantwortlich? In: ZfbF 1991, S. 537 – S. 543

3 Schneider, Dieter: Unternehmensethik und Gewinnprinzip in der Betriebswirtschaftslehre, in: ZfbF 1991, S. 537 – S. 543; Hax, Herbert: Unternehmensethik – Ordnungselement der Marktwirtschaft?, in: ZfbF 1993, S. 769 – S. 779; Küpper, Hans-Ulrich: Unternehmensethik und Betriebswirtschaftslehre, in: ZfB2005, Heft 9

4 Küpper, Hans-Ulrich: Unternehmensethik, Personalführung und Organisation, in: Spengler, Thomas; Lindstädt, Hagen (Hrsg.): Strukturelle Stimmigkeit in der Betriebswirtschaftslehre, Festschrift für Prof. Dr. Hugo Kossbiel, München und Mering 2005, S. 39 – S. 60; ferner: Küpper, Hans-Ulrich; Picot, Arnold: Ethische Aspekte wirtschaftlichen Handelns im Rahmen von Unternehmungen, in: Handbuch der Wirtschaftsethik, Band 3, Gütersloh 1999, S. 132 – S. 148

5 Albach, Horst: Betriebswirtschaftslehre ohne Unternehmensethik! In: ZfB 2005, Heft 9

6 Homann, Karl: Ökonomik: Fortsetzung der Ethik mit anderen Mitteln, in: Siebeck, Georg (Hrsg.): Artibus ingenuis. Beiträge zur Theologie, Philosophie, Jurisprudenz und Ökonomik, Tübingen 2001, S. 85 – S. 110, vor allem S. 95 f.

7 A.a.O., S. 102

8 Albach, Horst: Schaffen vor Teilen, in: Die politische Meinung, Jahrgang 38 (1993), Juni, S. 23 – S. 29

9 Albach, Horst: Heute schaffen, morgen teilen. Christliche Ethik im Wirtschaftsleben, in: Rheinischer Merkur vom 26. März 1993, S. 11

10 Nach der hier vertretenen Auffassung bedarf dies bei Eigentümerunternehmen und bei Familienunternehmen keiner ethischen Rechtfertigung, wohl aber bei Publikumsaktiengesellschaften. „Shareholder-Value-Fanatiker" könnten nämlich argumentieren, daß die Vorstände von Publikumsgesellschaften sich zwar wie Barone und Herzöge fühlen und manchmal auch so verhalten, aber daß ihre Entscheidungen über die Verteilung des erwirtschafteten Gewinns nicht durch Entscheidungen der Hauptversammlung legitimiert sind, folglich also die Entscheidungen der einzelnen Shareholder über die eigene Spendenvergabe einschränken und damit das ethische Grundprinzip der Handlungsfreiheit einschränken. Wenn jedoch der Börsenkurs des Unternehmens, das als Corporate Citizen Mäzen ist, als Folge des Verhaltens der „Bischöfe", die mit Gottes Segen und ohne Beschluß der Hauptversammlung entscheiden, steigt, so liegt darin eine nachträgliche Genehmigung des Verhaltens der Vorstände, und die Shareholder-Value-Fanatiker sind zufrieden, es sei denn, sie seien selbst unvernünftig und damit unmoralisch, was in der Bezeichnung „Fanatiker" wohl auch zum Ausdruck gebracht werden soll. Vgl. Schweickart, Nikolaus: Wie viel Kultur haben deutsche Manager bzw. Unternehmer? In: Frey, Hans-Joachim; Stenzel, Sabine (Hrsg.): Gemeinsam sind wir besser. Dresdner Dialog, Leipzig 2005, S. 180 – S. 188, hier S. 184

11 Diesen Beweis habe ich zu führen versucht in: Albach, Horst: Betriebswirtschaftslehre ohne Unternehmensethik, in. ZfB 2005, Heft 9 (September)

12 Albach, Horst: Betriebswirtschaftslehre und Unternehmensethik, in: Wissen und Verantwortung, Festschrift für Jan P. Beckmann, Band I: Philosophie, herausgegeben von Thomas Keutner: Roman Oeffner; Hajo Schmidt: Philosophie, Freiburg/München 2005, S. 249 – S. 267

13 Lübbe, Hermann: Technisches, moralisches und politisches Handeln, in: Stiftung für Kommunikations-forschung (Hrsg.): Die Ethik der Informationsgesellschaft, Bonn 1984, S. 11 – S. 25
14 Gerke, Wolfgang: Kapitalmärkte und Ethik – ein Widerspruch, in: zfwu, Jahrgang 6 (2005), S. 22 – S. 30
15 Hengsbach, Friedhelm; Emunds, Bernhard: Einführung zu Nell-Breuning, Oswald von: Grundzüge der Börsenmoral, Reprint der Ausgabe von 1928, Münster 2002
16 Zitiert nach Siep, Ludwig: Zwei Formen der Ethik, Manuskript o. J.
17 Staute, Jörg: Das Ende der Unternehmenskultur. Innenansichten bundesdeutscher Firmen, München 1997
18 Gauly, Thomas: Warum Ethik kein Luxus ist, in: FAZ vom 21.6.2004
19 Schneider, Dieter: Unternehmensethik und Gewinnprinzip in der Betriebswirtschaftslehre, in: ZfbF 42 (1990), S. 869 – S. 891, hier S. 890.
20 Siemons, Mark: Das nette Produkt. Bewährt sich die Wirtschaftsethik im Wettbewerb um Märkte? In: FAZ vom 29.1.1992, S. N3
21 Wer sich wundert, daß ich die Ethik nicht bei Aristoteles und seiner Nikomachischen Ethik beginnen lasse, sei auf das Werk von K.A. Schmid verwiesen. Schmid, K.A.: Geschichte der Erziehung vom Anfang an bis auf unsere Zeit. Erster Band: Die vorchristliche Erziehung, bearbeitet von K.A. Schmid und G. Baur, Stuttgart 1884, S. 183: „Als der älteste Erziehungstheoretiker der Griechen ist wohl Pythagoras der Samier anzusehen, der im 6. Jahrhundert v. Chr. zu Kroton in Großgriechenland wirkte, jedoch in mythisches Halbdunkel gehüllt, mit der unten folgenden Beschränkung nichts von seiner Hand hinterlassen hat. Aristoteles nennt ihn den ersten Lehrer der Ethik, die er aber auf die allein sichere Basis der frommen Gesinnung gründete, indem er Gott zu folgen, nach Aehnlichkeit mit der Gottheit zu streben gebot und seine Satzungen durch das delphische Orakel bestätigen ließ.
22 Jonas, Hans: Das Prinzip Verantwortung. Versuch einer Ethik für die technologische Zivilisation, Frankfurt 1984
23 Krelle,Wilhelm: Economics and Ethics. Band 1: The Microeconomic Basis, Berlin – Heidelberg – New York u.a., 2003
24 Wilhelm Krelle arbeitete bis kurz vor seinem Tod an dem Manuskript zu Band 2 seines Werkes Economics and Ethics. Wilhelm Krelle war Wirtschaftstheoretiker und folglich kein Fachethiker. Aber die Zusammenarbeit mit Theologen und Ethikern in der Sozialkammer der Evangelischen Kirche Deutschlands war für ihn sehr wichtig. Zeugnis davon legt u.a. die Denkschrift der EKD: Gemeinwohl und Eigennutz. Wirtschaftliches Handeln in Verantwortung für die Zukunft“ ab, die im Jahre 1991 in Gütersloh erschien.
25 Beckmann, Jan P.: Ethik nach Vorgaben des Gesetzes? Überlegungen zur Aufgabe der Ethik gem. §§ 5 und 6 Stammzellgesetz (StZG), in: Amelung, Knut, u.a.: Strafrecht, Biorecht, Rechtsphilosopie. Festschrift für Hans-Ludwig Schreiber zum 70. Geburtstag am 10. Mai 2003, S. 593 – S. 602, hier: S. 595 f.
26 Harsanyi, John C.: Morality and the Theory of Rational Behavior, in: Social Research, Band 44 (Winter 1977), no. 4, S. 629
27 Spaemann, Robert: Glück und Wohlwollen. Versuch über Ethik, Stuttgart 1989, S. 24
28 Beckmann, Jan P.: Ethik nach Vorgaben des Gesetzes? A.a.O.: S. 595
29 Vgl. u.a. Cohen, Hermann: Logik der reinen Erkenntnis, Berlin 1902, S. 40: „Was ferner wäre die Ethik ohne den Begriff des Ursprungs? In ihm liegt die Wurzel für die Grundlage der Ethik: das Princip der Freiheit. Sie aber liegt in einem alten Streit mit der Nothwendigkeit, und so wird zur Sicherung der Freiheit selbst das Denken der Nothwendigkeit erforderlich. Wie die Freiheit die methodische Grundlage der Ethik bildet, so dreht sich ihr Inhalt um die Begriffe Gemeinschaft und Individuum. Und so hängt sie wiederum mit den logischen Begriffen der Einheit und der dynamischen Gemeinschaft zusammen“.
30 Starbatty, Joachim: Freiheit und Gleichheit. Gedanken zu einem vermuteten Antagonismus, in: Leube Kurt R. (Hrsg.): Vordenker einer neuen Wirtschaftspolitik, Festschrift für Christian Watrin, Frankfurt a. M. 2000, S. 243 – S. 253.
31 „Gerechtigkeit als Fairness (Rawls) kann nur vereinbart werden aus einer Situation der Gleichheit, einer symmetrischen Ausgangslage“. Helmstädter, Ernst: Gerechtigkeit in der Wirtschaft, Manuskript eines Vortrags, gehalten in Münster am 13. Mai 1995.

32 Harsanyi, John C.: Morality and the Theory of Rational Behavior, in: Social Research, Band 44, Winter 1977, S. 632 f.
33 Gauly, Thomas: Warum Ethik kein Luxus ist, in: FAZ vom 21.6.2004
34 Küng, Hans: Hat das Ethos in der Wirtschaft eine Chance? In: Pieth, Mark; Eigen, Peter (Hrsg.): Korruption im internationalen Geschäftsverkehr, Neuwied, Kriftel 1999, S. 120 – S. 124, hier S. 123
35 Siep, Ludwig: Zwei Formen der Ethik, Manuskript, S. 19
36 Spaemann, Robert: Glück und Wohlwollen. Versuch über Ethik, Stuttgart 1989, S. 21
37 Vgl. Siep, Ludwig: Zwei Formen der Ethik, a.a.O., S.17
38 Fandel, Günter: Optimale Entscheidung bei mehrfacher Zielsetzung, in: Lecture Notes in Economics and Mathematical Systems, Band 76, Berlin-Heidelberg-New York 1972; Fandel, Günter; Wilhelm, Jochen: Rational Solution Principles and Information Requirements as Elements of a Theory of Multiple Criteria Decision Making, Vortragsmanuskript, Jouy-en-Josas, 21.–23. Mai 1975; Fandel, Günter; Spronk, Jaap (Hrsg.): Multiple Criteria Decision Methods and Applications. Berlin-Heidelberg-New York-Tokyo 1985
39 Harsanyi, John C.: Morality and the Theory of Rational Behavior, a.a.O., S. 632 und S. 647.
40 Vgl. hierzu die Bemerkungen bei Hax, Herbert: Unternehmensethik – Ordnungselement der Marktwirtschaft? In: ZfbF, Jahrgang 45 (1993), S. 769 – S. 779, hier S. 770
41 Hax, Herbert: Unternehmensethik – Ordnungselement der Marktwirtschaft? a.a.O., S. 773.
42 In ähnlichem Sinne auch Knight, Frank H.: The Ethics of Competition, in: The Quarterly Journal of Economics, Band 27 (1923), S. 579 – S. 624, hier S. 593 f.
43 Matthäus 16, Vers 26
44 Harsanyi, John C.: A Further Note on Rawls' Theory, Working Paper No. 22, Institute of Mathematical Economics, Bielefeld University, July 1974
45 Knight, Frank H.: The Ethics of Competition, a.a.O., S. 595
46 Kant, Immanuel: Kritik der praktischen Vernunft, 1788, § 7, zitiert nach der Brockhaus Enzyklopädie, 17. Auflage, Wiesbaden 1970, Zehnter Band, S. 13
47 Höffe, Otfried: Lexikon der Ethik, in: Beck'sche Reihe BsR 152, 5. Auflage, München 1977, S. 150
48 Hartmann, Nicolai: Ethik, Berlin und Leipzig, 2. Auflage 1935. Im Text werden nur die gemeinschaftsbezogenen Grundwerte zitiert. Andere von Hartmann erwähnte sittliche Werte sind: das Gute, das Edle, die Fülle, die Reinheit, und speziell Weisheit, Tapferkeit, Beherrschung, Aufrichtigkeit, Glaube, Bescheidenheit, Demut, Distanz, Persönlichkeit. Das sind wohl eher Tugenden des Einzelnen.
49 Wenn Hartmut Kreikebaum den Kategorischen Imperativ im christlichen Sinne so interpretiert: „Teilen und auch Verzicht auf den eigenen Vorteil sind Tugenden, die dem Willen Gottes entsprechen", so ist das wohl nicht der ursprüngliche Sinn, in dem Kant den Kategorischen Imperativ formuliert hat. . Vgl. Kreikebaum, Hartmut: Grundlagen der Unternehmensethik, Stuttgart 1996, S. 112. Ich glaube auch, daß Kreikebaum mit der Formulierung: „Der Christ macht das Wohl des anderen für sein Handeln zum entscheidenden Faktor seines Denkens, Redens und Handelns" über den Geist und Sinn des Kategorischen Imperativs hinausschießt. Wenn Kreikebaum das allerdings so meint, daß nur der Unternehmer erfolgreich ist, der seinen Kunden zu einem Stammkunden machen will, dann ist dem ohne Zweifel zuzustimmen. Vgl. Kreikebaum,. Hartmut: Unternehmensethik und Globalisierungsstrategien, a.a.O., S. 177. Dagegen ist „die Bereitschaft zur „moralischen Vorleistung auf der Basis einer kooperativen Grundhaltung" nicht nur „menschengerecht" (Koslowski), sondern ist auch vernunftethisch vertretbar. Das zeigt die dynamische Prinzipal-Agent-Theorie.
50 Mikat, Paul: Ethische Strukturen der Ehe in unserer Zeit, Paderborn-München-Wien-Zürich 1987, S. 35
51 Giersch, Herbert: Wirtschafsmoral als Standortfaktor, in: Max-Planck-Institut zur Erforschung von Wirtschaftssystemen (Hrsg.): Vortragsreihe, Heft 2, Jena 1995, S. 24
52 Zitiert nach Rusche, Thomas: Die Ethische Verantwortung in der strategischen Unternehmensführung, in: Handlberger, Gernot, et al. (Hrsg.): Perspektiven im Strategischen Management, Festschrift anlässlich des 60. Geburtstages von Prof. Hans H. Hinterhuber, Berlin – New York 1998, S. 259 – S. 268, hier S. 261 f.

53 Siep, Ludwig: Ethik und Menschenbild, Manuskript.
54 Küpper will zwar in seiner „analytischen Unternehmensethik" moralisches Handeln in der Personalpolitik aus allgemeinen Prinzipien analytisch ableiten, greift aber zu kurz, wenn er als solch allgemeine Prinzipien die Menschenrechte, die Grundrechte und die Humanisierung der Arbeit nennt. Dadurch unterlaufen ihm Fehlschlüsse. Das Projekt „Humanisierung der Arbeit" wurde von den Gewerkschaften angestoßen, um damit Höherstufungen der Mitarbeiter durchzusetzen. Es scheiterte, als die Arbeitgeber darin ein sehr wirksames Mittel zur Rationalisierung der Arbeit sahen. Ich halte auch seine ethische Rechtfertigung der Principal-Agent-Theorie für vernunftethisch nicht haltbar, wie in diesem Beitrag bereits gezeigt. Vgl. Küpper, Hans-Ulrich: Unternehmensethik, Personalführung und Organisation, a.a.O., Abschnitte 4.2. und 5.4.
55 Vgl. Pawlas, Andreas: Die lutherische Berufs- und Wirtschaftsethik. Eine Einführung. Neukirchen-Vluyn, 2000, S. 260
56 Vgl. Hermanni, Horst O.: Alle wollen der Wirtschaft beibringen, wie man moralisch handelt, in: Arbeitgeber 1991, S. 252
57 Jonas, Hans: Das Prinzip Verantwortung, suhrkamp taschenbuch 1085, Erste Auflage, Frankfurt am Main 1984, S. 85
58 A.a.O., S. 90
59 Gerke, Wolfgang: Kapitalmärkte und Ethik – ein Widerspruch, in: zfwu, Jahrgang 6 (2005), S. 22 – S. 30
60 Helmstädter, Ernst: Gerechtigkeit in der Wirtschaft, Münster, 13.5.1995, S. 5
61 Jonas, Hans: Das Prinzip Verantwortung, a.a.O., S. 392
62 A.a.O., S. 8
63 Es handelt sich um das Buch von Heilbroner, Robert L. et al.: In the Name of Profit. Profiles in Corporate Irresponsibility, Garden City, NY, 1972. Die deutsche Übersetzung erschien im Rowohlt Taschenbuch Verlag im Februar 1973: Heilbroner, Robert L. u.a.: Im Namen des Profits oder Fahrlässigkeit als Unternehmensprinzip. Berichte zur Wirtschaftskriminalität in den USA, Reinbek bei Hamburg, Februar 1973. Eine sehr sachliche Kritik des Buches von Robert N. Katz erschien in der California Management Review, Band XV (1972), S. 117 – S. 120
64 Klebnikow, Paul: Der Pate des Kreml. Boris Beresowski und die Macht der Oligarchen, München 2001. Klebnikow wurde im Jahre 2004 in Moskau erschossen.
65 Das trifft nicht auf Jan Beckmann zu, der eine Seite des Problems anspricht: „Ein Subjekt kann sich die Verantwortung für sein Handeln und Unterlassen dann und nur dann zuschreiben, wenn es aus Freiheit heraus die entsprechenden Handlungsentscheidungen treffen kann". Vgl. Beckmann, Jan P.: Ethik nach Vorgaben des Gesetzes? A.a.O., S. 596
66 Gauly, Thomas: Warum Ethik kein Luxus ist, in: FAZ vom 21.6.2004
67 Probleme treten auch bei abweichenden Fähigkeiten auf. Sie werden durch Schulung, Training und Fortbildung on the job und off the job gelöst.
68 Kreikebaum, Hartmut: Unternehmensethik und Globalisierungsstrategien, in: Handlbauer, Gernot u.a. (Hrsg.): Perspektiven im Strategischen Management, Festschrift anlässlich des 60. Geburtstages von Prof. Hans H. Hinterhuber, New York 1998, S. 167 – S. 181. Kreikebaum spricht von „diskursivem Konfliktmanagement", S. 175
69 Steinmann definiert die Unternehmensethik sogar als Diskursethik: „Unternehmensethik umfasst alle durch dialogische Verständigung mit den Betroffenen begründeten bzw. begründbaren materialen und prozessualen Normen, die von einer Unternehmung zum Zwecke der Selbstbindung verbindlich in Kraft gesetzt werden, um die konfliktrelevanten Auswirkungen des Gewinnprinzips bei der Steuerung der konkreten Unternehmensaktivitäten zu begrenzen. Vgl. Steinmann, Horst; Löhr, Albert: Einleitung: Grundfragen und Problembestände einer Unternehmensethik, in: Steinmann, Horst; Löhr, Albert (Hrsg.): Unternehmensethik, Stuttgart 1989, S. 3 – S. 21, hier S. 10
70 Spaemann, Robert: Glück und Wohlwollen. Versuch über Ethik, Stuttgart 1989, S. 177 ff.
71 Schein, Edgar H.: The Problem of Moral Education fort the Business Manager, in: Industrial Management Review, Vol. 8, No. 1, Fall, 1966, S. 3 – S.14, hier S. 7
72 Homann, Karl, Ökonomik: Fortsetzung der Ethik mit anderen Mitteln, a.a.O., S. 102: vgl. auch: Homann, Karl: Grundlagen einer Ethik für die Globalisierung, in: Pierer, Heinrich v. et al.: Zwischen Profit und Moral. Für eine menschliche Wirtschaft, München-Wien 2003, S. 35 – S. 72, hier S. 48

73 Pocock, Michael: More Than Cosy Platitudes, in: Shell World 1977, S. 4 – S. 7 und S. 30. Die Principles sind auf S. 6 abgedruckt
74 Exxon Corporation: Policy Statement on Business Ethics, September 24, 1975 (vervielfältigt). Die deutsche ESSO AG hat die Übersetzung des Policy Statement in einem Brief an die Leitenden Angestellten vom 13. November 1975 unter der Überschrift „Grundsätze der EXXON-Politik" übermittelt
75 Hoechst AG: Grundsätze für Zusammenarbeit und Führung. Heute nicht mehr gültig.
76 Akzona Inc.: Individual Business Ethics, September 1976
77 Christian Association of Business Executives: A Code of Business Ethics, London 1974, Wiederabdruck 1978
78 International Chamber of Commerce/ICC: Rules of Conduct to Combat Extortion and Bribery in Business Transactions, Publication N. 135, IDD, 29.11.1977
79 International Chamber of Commerce, Commission on Ethical Practices (Chairman: Lord Shawcross), Document No. 192/36 vom 14. 3. 1977
80 Hofmann, Ernst: Codes of Conduct auf Branchenebene sind notwendig, aber nicht ausreichend – Beispiel: Die FIDIC (Fédération International Des Ingénieurs-Conseils), in: Pieth, Mark; Eigen, Peter (Hrsg.): Korruption im internationalen Geschäftsverkehr, Neuwied/Kriftel 1999, S. 258 – S. 266
81 Hermani, Gabriele: Die Rückkehr der Ethik, in: FAZ vom 5.4. 2004, S. 20

Literatur

Akzona Inc: Individual Business Ethics, Foreword by Claude Ramsey, Chairman & President, September 1976

Albach, Horst (Hrsg.): Unternehmensethik. Konzepte – Grenzen – Perspektiven, Wiesbaden 1992

Albach, Horst: in: Betriebswirtschaftslehre und Unternehmensethik, in: Keutner, Thomas; M Oeffner, Roman; Schmidt, Jaho (Hrsg.): Wissen und Verantwortung, Festschrift für Jan P. Beckmann, Band I: Philosophie, Freiburg/München2005, S. 249 – S. 267

Albach, Horst: Betriebswirtschaftslehre ohne Unternehmensethik! In: Zeitschrift für Betriebswirtschaft 2005, Heft 9

Albach, Horst: Schaffen vor Teilen, in: Die politische meinung, Jahrgang 38 (1993), Juni, S. 23 – S. 29

Albach, Horst: Heute schaffen, morgen teilen. Christliche Ethik im Wirtschaftsleben, in: Rheinischer Merkur vom 26. März 1993, S. 11

Albert, Hans: Die ethische Bedeutung des „ökonomischen Denkens", in: Beschorner, Thomas; Eger, Thomas (Hrsg.): Das Ethische in der Ökonomie. Festschrift für Hans G. Nutzinger, Schriftenreihe Ethik und Ökonomie, Band 1, Marburg 2005

Albert, Hans: Die Wertfreiheitsproblematik und der normative Hintergrund der Wissenschaften, in: Lenk, Hans; Maring, Matthias (Hrsg.): Wirtschaft und Ethik, Stuttgart 1992, S. 82 – S. 100

Albrecht, Hans-Jörg; Arnold, Jörg; Koch, Hans-Georg (Hrsg.): Wechselwirkungen. Beiträge zum 65. Geburtstag von Albin Eser, Freiburg 2001

Amelung, Knut, u.a. (Hrsg.): Strafrecht, Biorecht, Rechtsphilosophie. Festschrift für Hans-Ludwig Schreiber zum 70. Geburtstag am 10. Mai 2004, Heidelberg 2003

Arthur, Henry B.: Making Business Ethics Useful, in: Strategic Management Journal 1984, S. 319 – S. 333

Augustinus, Aurelius: Liebe und tu, was du willst, Kevelaer 1986

Beckmann, Jan P.: Ethik nach Vorgaben des Gesetzes? Überlegungen zur Aufgabe der Ethik gem. §§ 5 und 6 Stammzellgesetz (StZG), in: Amelung, Knut u.a. (Hrsg.): Strafrecht, Biorecht, Rechtsphilosophie. Festschrift für Hans-Ludwig Schreiber zum 70. Geburtstag am 10. Mai 2003, S. 593 – S. 602

Beckmann, Jan P.: Gentests und Versicherungen aus ethischer Sicht, in: Sadowski, Dieter (Hrsg.): Entrepreneurial Spirits, Horst Albach zum 70. Geburtstag, Wiesbaden 2001, S. 271 – S. 290

Berlin-Brandenburgische Akademie der Wissenschaften u.a. (Hrsg.): Verantwortung in heutiger Zeit. Festveranstaltung anlässlich des 75. Geburtstages von Edzard Reuter, Berlin, Juli 2003

Bertelsmann Stiftung, Heinz Nixdorf Stiftung, Ludwig-Erhard-Stiftung: Markt mit Moral. Das ethische Fundament der Sozialen Marktwirtschaft, Beiträge einer Fachkonferenz, Gütersloh 1994

Beschorner, Thomas; Eger, Thomas (Hrsg.): Das Ethische in der Ökonomie. Festschrift für Hans G. Nutzinger, Schriftenreihe Ethik und Ökonomie, Band 1, Marburg 2005

Biervert, Bernd; Held, Martin (Hrsg.): Ethische Grundlagen der ökonomischen Theorie. Eigentum, Verträge, Institutionen, Frankfurt – New York 1989

Biervert, Bernd; Held, Martin: Zur Einführung: Eigentum, Verträge, Institutionen – Ihre normativ-ethischen Grundlagen in der Theoriebildung, in: Biervert, Bernd; Held, Martin: Ethische Grundlagen der ökonomischen Theorie. Eigentum, Verträge, Institutionen, Frankfurt – New York 1989, S. 7 – S. 14

Birnbacher, Dieter: Neue Entwicklungen des Utilitarismus, in: Biervert, Bernd; Held, Martin (Hrsg.): Ethische Grundlagen der ökonomischen Theorie, Frankfurt/M – New York 1989, S. 15 – S. 36

Böckle, Franz: Wissenschaft und Ethos, in: Industrie-Club Düsseldorf e.V. (Hrsg.): Offenheit und Öffentlichkeit. Reden vor den Mitgliedern des Industrie-Clubs Düsseldorf e.V., Düsseldorf, S. 326 – S. 342

Böckle, Franz: Die moralische Verantwortung des Unternehmers in der Pharma-Industrie, in: Albach, Horst; Busse von Colbe, Walther; Sabel, Hermann; Vaubel, Ludwig: Zukunftsprobleme unserer Wirtschaft dargestellt am Beispiel der Pharma-Industrie, USW-Schriften für Führungskräfte, Band 8, Wiesbaden 1976, S. 93 – S. 989

Bolle, Friedel: On Love and Altruism, Diskussionsbeitrag Nr. 56, Universität Hamburg, Oktober 1984

Bolle, Friedel: Altruism and the Desire to Give. On a Proposal of Arrow, Sozialökonomisches Seminar der Universität Hamburg, Diskussionsbeitrag Nr. 63, März 1987

Bowie, Norman E.: Unternehmensethikkodizes: können sie eine Lösung sein? In: Lenk, Hans; Maring, Matthias (Hrsg.): Wirtschaft und Ethik, Stuttgart 1992, S. 337 – S. 349

Brakelmann, Günter: Reformistische Ethik (Manuskript).

Brakelmann, Günter: Die Zukunft der Arbeit, in: Wenke, Karl Ernst (Hrsg.): Ökonomie und Ethik, Frankfurt/M, S. 50 – S. 79

Brandt, R.B.: Ethical Theory, Englewood Cliffs, N.J., 1959

Brauchitsch, Eberhard v.: Die gesellschaftspolitische Verantwortung des Unternehmers, Düsseldorf – Wien 1980

Brauchlin, Emil; Pichler, J. Hanns (Hrsg.): Unternehmer und Unternehmensperspektiven für Klein- und Mittelunternehmen. Festschrift für Hans Jobst Pleitner aus Anlaß seiner Emeritierung, Berlin/St. Gallen 2000

Brenner, Steven N.; Molander, Earl A.: Is the ethics of business changing? In: Harvard Business Review 1977 (January-February) S. 57 – S. 71

Brooks, Jermyn: The Role of Auditors in the Fight against Corrupt Behavior, in: Pieth und Eigen, a.a.0.: S. 393 – 408

Canaris, Claus-Wilhelm: Die Bedeutung der iustitia distributiva im deutschen Vertragsrecht, Bayerische Akademie der Wissenschaften, Philosophisch-historische Klasse, Sitzungsberichte, Jahrgang 1997, Heft 7, München 1997

Christian Association of Business Executives: A Code of Business Ethics, London 1974, Reprinted in December 1978

Cohen, Hermann: Logik der reinen Erkenntnis, Berlin (Bruno Cassirer) 1902

Corman, Gilbert: Katholische Soziallehre, in: Landesarbeitsgemeinschaft u.a. (Hrsg.): Düsseldorf 1960, S. 9 – S. 108

Dalferth, Ingolf U.: „Der Christ muß alles anders verstehen als der Nicht-Christ". Kierkegaards Ethik des Unterscheidens. Eine Erinnerung, in: Siebeck, Georg (Hrsg.): Artibus Ingenuis, Tübingen 2001, S. 1 – S. 33

Dasgupta, Partha: Ethics, Future Generations, and the Market, in: Siebert, Horst (Hrsg.): The Ethical Foundations of the Market Economy, Tübingen 1994, S. 179 – S. 216

Depenheuer, Otto; Heintzen, Markus; Jestaedt, Matthias; Axer, Peter (Hrsg.): Nomos und Ethos. Hommage an Josef Isensee zum 65. Geburtstag von seinen Schülern, Berlin 2002

Depenheuer, Otto: Religion als ethische Reserve der säkularen Gesellschaft? Zur staatstheoretischen Bedeutung der Kirche in nachchristlicher Zeit, in: Depenheuer, Otto, u.a. (Hrsg.): Nomos und Ethos, Berlin 2002, S. 3 – S. 23
Diefenbacher, , Erich: Sitzgesellschaften als logistisches Instrument der internationalen Korruption, in: Pieth, Mark usw.
Döring, Ulrich: Zwischen Effizienz und Ethik – Methodologische Grundprobleme der Betriebswirtschaftslehre, in: Döring, Ulrich; Kussmaul, Heinz (Hrsg.): Spezialisierung und Internationalisierung. Entwicklungstendenzen der deutschen Betriebswirtschaftslehre. Festschrift für Günter Wöhe zum 80. Geburtstag, München 2004, S. 119 – S. 138
Eichhorn, Peter; Engelhardt, Werner Wilhelm (Hrsg.): Standortbestimmung öffentlicher Unternehmen in der Sozialen Marktwirtschaft. Gedenkschrift für Theo Thiemeyer, Baden-Baden 1994
Eigen, Peter: Internationale Finanzierungsorganisationen (BRD, IMF, Regionalbanken) in: Pieth, Mark; Eigen, Peter (Hrsg.): Korruption, a.a.0.
Eigen, Peter: Nationale und internationale Wirtschaftsorganisationen – Einleitung, ebendort, S. 255 – 257
Elsässer, Antonellus: Von der Pflichtmoral zur Verantwortungsethik. Anmerkungen zu einem Artikel von Robert Spaemann, in: Herder-Kurier 1982, S. 509 – S. 512
Elsner, Wolfram; Engelhardt, Werner Wilhelm; Glastetter, Werner (Hrsg.): Ökonomie in gesellschaftlicher Verantwortung. Sozialökonomik und Gesellschaftsreform heute. Festschrift zum 65. Geburtstag von Siegfried Katterle, Berlin 1998
Enderle, Georges: Gesinnungsethik oder Verantwortungsethik – ein falscher Gegensatz, in: Festschrift der Hochschule St. Gallen, Mai 1989 (als Manuskript vervielfältigt)
Enderle, Georges: Tragische Entscheidungen – Eine Problematik der Wirtschaftsethik, in: Zeitschrift für philosophische Forschung 42 (1988), 287 – S. 300
Evangelische Kirche in Deutschland: Gemeinwohl und Eigennutz. Wirtschaftliches Handeln in Verantwortung für die Zukunft. Eine Denkschrift der EKD, Gütersloh 1991
EXXON Corporation: Policy Statement on Business Ethics, 24. September 1975
Fahr, Uwe; Reiter-Theil, Stella: Von der Anekdote zur Methode – Wie können wir zu einem systematischen Vorgehen in der (medizin-)ethischen Fallanalyse gelangen? In: Amelung, Knut u.a. (Hrsg.): Strafrecht, Biorecht, Rechtsphilosophie. Festschrift für Hans-Ludwig Schreiber zum 70. Geburtstag am 10. Mai 2003, S. 667 – S. 684
Fandel, Günter: Optimale Entscheidung bei mehrfacher Zielsetzung, in: Lecture Notes in Economics and Mathematical Systems, Band 76, Berlin-Heidelberg-New York 1972
Fandel, Günter; Wilhelm, Jochen: Rational Solution Principles and Information Requirements as Elements of a Theory of Multiple Criteria Decision Making, Vortragsmanuskript, Jouy-en-Josas, Mai 1975
Fandel, Günter; Spronk, Jaap (Hrsg.): Multiple Criteria Decision Methods and Applications, Berlin-Heidelberg-New York-Tokyo 1985
Gaertner, Wulf: Einige Theorien der Verteilungsgerechtigkeit im Vergleich, in: Enderle, Georges (Hrsg.): Ethik und Wirtschaftswissenschaft, Schriften des Vereins für Socialpolitik NF, Band 147, Berlin 1985
Gauly, Thomas: Warum Ethik kein Luxus ist, in: FAZ vom 21.6.2004
Gélinier, Octave: Entreprises patrimoniales et éthique, in: Revue des Sciences Morales & Politiques 1999, No. 3, S. 31 – S. 50
Gerke, Wolfgang: Kapitalmärkte und Ethik – ein Widerspruch, in: zfwu, Jahrgang 6 (2005), S. 22 – S. 30
Gerum, Elmar: Unternehmensführung und Ethik, in: Lenk, Hans; Maring, Matthias (Hrsg.): Wirtschaft und Ethik, Stuttgart 1992, S. 253 – S. 267
Gerum, Elmar: Neoinstitutionalismus, Unternehmensverfassung und Unternehmensethik, in: Biervert, Bernd; Held, Martin (Hrsg.): Ethische Grundlagen der ökonomischen Theorie, Stuttgart 1992, S. 134 – S. 155
Gethmann-Siefert; Gahl, Klaus; Henckel, Ulrike (Hrsg.): Studien zur medizinischen Ethik, Band II der Festschrift für Jan P. Beckmann, Freiburg/München 2005
Giersch, Herbert: Wirtschaftsmoral als Standortfaktor, in: Max-Planck-Institut zur Erforschung von Wirtschaftssystemen (Hrsg.), Vortragsreihe, Heft 2, Jena 1995.

Glaser, Horst; Schröder, Ernst F.; Werder, Axel v. (Hrsg.): Organisation im Wandel der Märkte, Erich Frese zum 60. Geburtstag, Wiesbaden 1998
Guillet de Monthoux, Pierre: The Moral Philosophy of Management from Quesnay to Keynes, New York und London (England), (M.E. Sharpe) 1993
Habermann, Gerd: Unternehmer und Brüderlichkeitsethik, in: Albach, Horst (Hrsg.): Unternehmensethik, Wiesbaden 1992, S. 161 – S. 166
Hamm, Heinrich: Wirtschaften für wen? In: Albach, Horst (Hrsg.): Unternehmensethik, Wiesbaden 1992, S. 139 – S. 147
Hanau, Peter:) Unser Thema (immer mehr): Ethik, in: Rotary Magazin 2005, Heft 8, S. 44 – S. 47
Harsanyi, John C.: A Further Note on Rawls's Theory, Working Paper No. 22, Institute of Mathematical Economics, Bielefeld, July 1974
Harsanyi, John C.: Morality and the Theory of Rational Behavior, in: Social Research, (Vol. 44, No. 4, Winter 1977, ; zugleich Center for Research in Management Science, University of California, Berkeley, Cal., CR-133 (Reprint Series)
Harsanyi, John C.: A Case for a Utilitarian Ethic, in: Siebert, Horst (Hrsg.): The Ethical Foundations of the Market Economy, Tübingen 1994, S. 3 – S. 13
Hartmann, Nicolai: Ethik, Berlin und Leipzig, 2 Auflage, 1935
Hax, Herbert: Unternehmensethik – Ordnungselement der Marktwirtschaft?, in: ZfbF 1993, S. 769 – S. 779
Hegselmann, Rainer: Ist es rational, moralisch zu sein? In: Lenk, Hans; Maring, Matthias (Hrsg.): Wirtschaft und Ethik, Stuttgart 1992, S. 165 – S. 185
Heilbroner, Robert L. et al.: In the Name of Profit. Profiles in Corporate Irresponsibility, Garden City, NY, 1972
Heilbroner, Martin L. et al.: Im Namen des Profits. Oder: Fahrlässigkeit als Unternehmensprinip. Berichte zur Wirtschaftskriminalität in den USA, Reinbek bei Hamburg, Februar 1973
Hejl, Peter M.: Ethik, Konstruktivismus und gesellschaftliche Selbstregelung, in: Rusch, Gebhard; Schmidt, Siegfried J. (Hrsg.): Konstruktivismus und Ethik, Frankfurt/M 1995, S. 28 – S. 121
Helmstädter, Ernst: Gerechtigkeit in der Wirtschaft. Akademischer Vortrag beim 1. Ehemaligentreffen der Forschungsstelle für allgemeine und textile Marktwirtschaft an der Westfälischen Wilhelms-Universität Münster am 13. Mai 1995 (als Manuskript gedruckt)
Hengsbach, Friedhelm: Arbeitsethische Innovationen durch alte und neue soziale Bewegungen, in: Biervert, Bernd; Held, Martin (Hrsg.): Ethische Grundlagen der theoretischen Ökonomie, Frankfurt/M – New York 1989, S. 156 – S. 188
Hengsbach, Friedhelm; Emunds, Bernhard: Einführung zu Nell-Breuning, Oswald von: Grundzüge der Börsenmoral, Reprint der Ausgabe von 1928, Münster 2002
Hermani, Gabriele: Die Rückkehr der Ethik, in: FAZ vom 5.4.2004, S. 20
Hermanni, Horst O.: Alle wollen der Wirtschaft beibringen, wie man moralisch handelt, in: Arbeitgeber 1991, S. 252
Herrmann, Brigitta: Wirtschaftsethik – Stand der Forschung, in: Albach, Horst (Hrsg.): Unternehmensethik, Wiesbaden 1992, S. 1 – S. 33
Hoechst AG: Grundsätze für Zusammenarbeit und Führung, Frankfurt o. J.
Höffe, Otfried: Gerechtigkeit als Tausch? Ein ökonomisches Prinzip für die Ethik, in: Lenk, Hans; Maring, Matthias (Hrsg.): Wirtschaft und Ethik, Stuttgart 1992, S. 119 – S. 133
Höffe, Otfried: Lexikon der Ethik, München 1997
Hofmann, Ernst: Codes of Conduct auf Branchenebene sind notwendig, aber nicht ausreichend – Beispiel: Die FIDIC, in: Pieth, Mark; Eigen, Peter (Hrsg.): Korruption im internationalen Geschäftsverkehr, Neuwied/Kriftel 1999, S. 258 – S. 266
Homann, Karl: Grundlagen einer Ethik der Globalisierung, in: Pierer, Heinrich v. et al. Zwischen Profit und Moral. Für eine menschliche Wirtschaft, München-Wien 2003, S. 35 – S. 72
Homann, Karl: Homo oeconomicus und Dilemmastrukturen, in: Sautter, Hermann (Hrsg.): Wirtschaftspolitik in offenen Volkswirtschaften. Festschrift für Helmut Hesse zum 60. Geburtstag, Göttingen 1994
Homann, Karl: Stellungnahme aus der Sicht der Wirtschaftsethik, in: Bertelsmann-Stiftung, Markt mit Moral, S. 73 – S. 79

Homann, Karl: Vertragstheorie und Property-Rights-Ansatz – Stand der Diskussion und Möglichkeiten der Weiterentwicklung, in: Biervert, Bernd; Held, Martin (Hrsg.): Ethische Grundlagen der ökonomischen Theorie, Frankfurt/M – New York 1989, S. 37 – S. 69
Homann, Karl: Ökonomik: Fortsetzung der Ethik mit anderen Mitteln, in: Siebeck, Georg (Hrsg.): Artibus ingenuis, Tübingen 2001, S. 85 – S. 11
Homann, Karl: Marktwirtschaftliche Ordnung und Unternehmensethik, in: Albach, Horst (Hrsg): Unternehmensethik, Wiesbaden 1992, S. 75 – S. 90
Honecker, Martin: Grundriß der Sozialethik, Berlin/New York 1995
Honecker, Martin: Einführung in die Theologische Ethik. Grundlagen und Grundbegriffe. Berlin/New York 1990
Honecker, Martin: Aufgaben und Grenzen der Wirtschaftsethik, in: Albach, Horst (Hrsg.): Unternehmensethik, Wiesbaden 1992, S. 107 – S. 120
Honnefelder, L.: Ethik (philosophisch), in: Korff, W.; Beck, L., Mikat, Paul (Hrsg.): Lexikon der Bioethik, Band I, Gütersloh 1998, S. 654 ff.
International Chamber of Commerce: Ethical Practices in Commercial Transactions, Report submitted by the Commission to the 7th Session of the Executive Board of the ICC, Document No. 192/36, Paris, 14. 3. 1977 (Chairman: Lord Shawcross).
International Chamber of Commerce: Rules of Conduct to Combat Extortion and Bribery in Business Transactions, Publication No. 135, ICC, 29.11.1977
Jäger, Alfred: Unternehmensethik, Unternehmenspolitik und Verantwortung, in: Lenk, Hans; Maring, Matthias (Hrsg.): Wirtschaft und Ethik, Stuttgart 1992, S. 268 – 284
Jöhr, Walter Adolf: „Prioritäten!“ Versuch der Klärung eines populären Mahnrufes, in: Caroni, Pio; Dafflon, Bernard; Enderle, Georges (Hrsg.): Nur Oekonomie ist keine Oekonomie, Sonderdruck, o.O,; o.J.
Jöstingmeier, Bernd: Pragmatische Unternehmensethik als strategischer Erfolgsfaktor, in: Jöstingmeier, Bernd (Hrsg.): Aktuelle Probleme der Genossenschaften aus rechtswissenschaftlicher und wirtschaftswissenschaftlicher Sicht. Eberhard Dülfer (70. Geburtstag) und Volker Beuthien (60. Geburtstag) gewidmet, Göttingen 1994, S. 251 – S. 275
Jonas, Hans: Das Prinzip Verantwortung. Versuch einer Ethik für die technologische Zivilisation, suhrkamp taschenbuch 1085, Frankfurt 1984
Kaas, Klaus Peter: Marketing und Ethik, S. 126 – S. 150.
Kahle, Egbert: Vertrauen als Voraussetzung für bestimmte Formen organisatorischen Wandels, in: Brauchlin, Emil; Pichler, J. Hanns (Hrsg.): Unternehmer und Unternehmensperspektiven für Klein- und Mittelunternehmen. Festschrift für Hans Jobst Pleitner aus Anlaß seiner Emeritierung, Berlin und St. Gallen 2000,
Kamphaus, Franz: Globale Not – weltweite Solidarität? S. 47 – S. 54.
Kant, Immanuel: Kritik der praktischen Vernunft, 1788, § 2
Katz, Robert N.: Besprechung des Buches von Heilbroner et al. in: California Management Review, Band XV (1972), S. 117 – S. 120
Kierkegaard, Sören: Gesammelte Werke. Vierte Abteilung: Furcht und Zittern, Düsseldorf/Köln 1950
Kirzner, Israel M.: The Ethics of Competition, in: Siebert, Horst (Hrsg.): The Ethical Foundations of the Market Economy, Tübingen 1994, S. 101 – S. 114
Klebnikow, Paul: Der Pate des Kreml. Boris Beresowski und die Macht der Oligarchen, München 2001
Kliemt, Hartmut: Constitutional Commitments. On the economic and legal philosophy of rules. Paper prepared for the Liberty Fund Symposium “Liberty and Constitutionalism”, Crystal City Sheraton, July 13 – 16, 1989 (vervielfältigtes Manuskript)
Kliemt, Hartmut: Normbegründung und Normbefolgung in Ethik und Ökonomik, in: Albach, Horst (Hrsg.): Unternehmensethik, Wiesbaden 1992, S. 91 – S. 105
Klopfer, Max; Kolbe, Artur (Hrsg.): Ethik 1: Grundfragen ethischer Verantwortung, 2. Aufl., München 2001
Kluxen, Wolfgang: Ethik des Ethos, Freiburg/München 1974
Knight, Frank H.: The Ethics of Competition, in: The Quarterly Journal of Economics, Band 37 (1923), S. 579 – S. 625

Korff, Wilhelm: Recht und Ethik, in: Albrecht, Hans-Jörg, u.a. (Hrsg.): Wechselwirkungen, Freiburg 2001, S. 17 – S. 26
Koslowski, Peter: Ethik des Kapitalismus, in: Walter Eucken Institut. Vorträge und Aufsätze Band 87 Tübingen 1982
Kreikebaum, Hartmut: Unternehmensethik und Globalisierungsstrategien, in: Handlbauer, Gernot u.a. (Hrsg.): Perspektiven im Strategischen Management, Festschrift anlässlich des 60. Geburtstages von Prof. Hans H. Hinterhuber, New York 1998, S. 167 – S. 181
Kreikebaum, Hartmut: Grundlagen der Unternehmensethik, Stuttgart 1996
Kreikebaum, Hartmut: Gerechtigkeit und Fairness, in: Schreyögg, Georg; Werder, Axel v. (Hrsg.): Handwörterbuch Unternehmensführung und Organisation, 4. völlig neu bearbeitete Auflage, Stuttgart 2004, Sp. 347 – Sp. 353
Krelle, Wilhelm: Ökonomische Grundlagen der Ethik, in: Discussion Paper No. B-428, Bonn, März 1998
Krelle, Wilhelm: Positive und negative Ethik, in: Evangelische Akademie Hofgeismar (Hrsg.): Materialband zur Tagung Wirtschaft und Ethik, 10. bis 12. März 1989, Schlößchen Schönburg, S. 29 – S. 48
Krelle, Wilhelm: Economics and Ethics. Band 1: The Microeconomic Basis, Berlin-Heidelberg-New York u.a., 2003
Krelle, Wilhelm: Ethik lohnt sich auch ökonomisch, in: Albach, Horst (Hrsg.): Unternehmensethik, Wiesbaden 1992, S. 35 – S. 50
Krelle, Wilhelm: Economics and Ethics. Part I. The General Conception, Discussion Paper No. B-441, Sonderforschungsbereich 303, Bonn, October 1998
Krelle, Wilhelm: Entwicklung und Aufrechterhaltung moralischer Standards. Discussion Paper No. B-344, Sonderforschungsbereich 303, Bonn, November 1995
Krelle, Wilhelm: Economic Foundations of Ethics, Manuskript, Bonn, Mai 1998
Küller, Hans-Detlev: Ethik in der Unternehmensführung – die gewerkschaftliche Sicht, Manuskript, 3.12.1988
Külp, Bernhard; Vanberg, Viktor (Hrsg.): Freiheit und wettbewerbliche Ordnung. Gedenkband zur Erinnerung an Walter Eucken, Freiburg – Berlin – München 2000
Küng, Hans: Hat das Ethos in der Wirtschaft eine Chance? In: Pieth, Mark; Eigen, Peter (Hrsg.): Korruption im internationalen Geschäftsverkehr, Neuwied, Kriftel 1999, S. 120 – S. 124
Küpper, Hans-Ulrich: Unternehmensethik und Betriebswirtschaftslehre, in: ZfB 2005, Heft 9 (September).
Küpper, Hans-Ulrich: Unternehmensethik, Personalführung und Organisation, in: Spengler, Thomas; Lindstädt, Hagen (Hrsg.): Strukturelle Stimmigkeit in der Betriebswirtschaftslehre. Festschrift für Prof. Dr. Hugo Kossbiel, München und Mering 2005, S. 39 – S. 60
Landesarbeitsgemeinschaft für politische und soziale Bildung; Staatsbürgerliche Bildungsstelle des Landes Nordrhein-Westfalen (Hrsg.): Menschenwürdige Gesellschaft nach katholischer Soziallehre, evangelischer Sozialethik, demokratischem Sozialismus, Düsseldorf 1960
Lenk, Hans; Maring, Matthias (Hrsg.): Wirtschaft und Ethik, Stuttgart 1992
Lezertua, Manuel: Council of Europe: An Overview of Anti – Corruption Activities from 1994 to1998, in: Pieth, Mark, Eigen, Peter (Hrsg.):
Löhr, Albert: EBEN und das DNWE: Eine Initiative zur Vernetzung der Wirtschaftsethik, in: Pieth, Mark; Eigen, Peter, S. 315 – S. 333
Loesch, Achim v.: Die ethischen Grundlagen der Sozialen Marktwirtschaft, in: Eichhorn, Peter; Engelhardt, Werner Wilhelm (Hrsg.): Standortbestimmung öffentlicher Unternehmen in der Sozialen Marktwirtschaft, Baden-Baden 1994
Lübbe-Wolff, Gertrude: Die Durchsetzung moralischer Standards in einer globalisierten Wirtschaft, in: v. Pierer, S. 73 – S. 103
Marx, August: Wirtschaftsethik, in: Schriftenreihe der Forschungsstelle für Betriebswirtschaft und Sozialpraxis e.V., Band 61, Mannheim 2003
Meran, Josef: Wirtschaftsethik. Über den Stand der Wiederentdeckung einer philosophischen Disziplin, in: Lenk, Hans; Maring, Matthias (Hrsg.): Wirtschaft und Ethik, Stuttgart 1992, S. 45 – S. 81
Merkle, Hans L.: Dienen und Führen. Erkenntnisse eines Unternehmers, Stuttgart – Leipzig 2001.

Mikat, Paul: Ethische Strukturen der Ehe in unserer Zeit, Paderborn, München, Wien, Zürich (Ferdinand Schöningh) 1987
Nell-Breuning, Oswald von: Grundzüge der Börsenmoral. Reprint der Ausgabe von 1928, in: Gabriel, Karl u.a. (Hrsg.): Studien zur christlichen Gesellschaftskritik, Band 6, Münster – Hamburg – London 2002
Nell-Breuning, Oswald von: Wirtschaftsethik, in: Lenk, Hans; Maring, Matthias (Hrsg.): Wirtschaft und Ethik, Stuttgart 1992, S. 31 – S. 44
Neuberger, Oswald: Zur Verkommenheit der Manager – Pathologien der Individualisierung, in: Scholz, Christian (Hrsg.): Individualisierung als Paradigma. Festschrift für Hans Jürgen Drumm, Stuttgart. Berlin – Köln 1997, S. 135 – S. 168
Neumark, Fritz: Wandlungen der Ansichten über Moral in Politik und ‚Wirtschaft, Sonderveröffentlichung Nr. 12, Finanzwissenschaftliches Forschungsinstitut an der Universität zu Köln, Köln 1986
Nooteboom, Bart: Trust. Forms, Foundations, Functions, Failures and Figures, Northampton, Mass., 2002
Paqué, Karl-Heinz: Marktwirtschaft und Sozialethik – einige einfache Überlegungen, in: Bertelsmann-Stiftung u.a.: Markt mit Moral, a.a.0., S. 26 – S.34
Pawlas, Andreas: Die lutherische Berufs- und Wirtschaftsethik. Eine Einführung, Neukirchen-Vluyn (Neukirchener), 2000
Pfau, Jan-Marek: Im Unternehmen generationengerecht handeln! Eine nachhaltige Handlungsstrategie der Möglichkeiten und Verantwortung in Unternehmen, in: zfwu Jahrgang 6 (2005), S. 88 – S. 101
Pieth, Mark; Eigen, Peter (Hrsg.): Korruption im internationalen Geschäftsverkehr. Bestandsaufnahme, Bekämpfung, Prävention. Neuwied, Kriftel (Luchterhand Verlag), 1999
Plender, John; Persaud, Avinash: Die Vertrauensfrage. Nicht das Gesetz, sondern allein der Wille führt zu Aufrichtigkeit in Konzernen. In: Financial Times Deutschland, FTD Summer-School, Ausgabe vom 23. August 2005, S. 28
Pocock, Michael: More than Cosy Platitudes. The Story behind the Statement of Principles. In: Shell World 1976, S. 4 – 7 und S.30
Rauscher, Anton: Markt und Moral, in: Leube, Kurt R. (Hrsg.): Vordenker einer neuen Wirtschaftspolitik. Marktwirtschaft, Individualismus und Ideengeschichte. Festschrift für Christian Watrin, Frankfurt a.M. 2000, S. 191 – 199
Rawls, John: Eine Theorie der Gerechtigkeit, Frankfurt/M, 6. Auflage 1991
Recktenwald, Horst Claus: Über ökonomische und ethische Normen, in: Abhandlungen der Geistes- und Sozialwissenschaftlichen Klasse der Akademie der Wissenschaften und der Literatur Mainz 1987, Nr. 17, Stuttgart 1987
Rudolph, Fritz: Evangelische Sozialethik, in: Landesarbeitsgemeinschaft u.a. (Hrsg.): Menschenwürdige Gesellschaft, Düsseldorf 1960, S. 109 – S. 182
Rusch, Gebhard: Schmidt, Siegfried J. (Hrsg.): Konstruktivismus und Ethik, Frankfurt/M 1995
Rusche, Thomas: Die Ethische Verantwortung in der strategischen Unternehmensführung, in: Handlberger, Gernot et al. (Hrsg.): Perspektiven im Strategischen Management. Festschrift anlässlich des 60. Geburtstages von Prof. Hans H. Hinterhuber, Berlin New York 1998, S. 259 – S. 268
Sass, Hans-Martin: Ethische Risiken im wirtschaftlichen Risiko, in: Lenk, Hans; Maring, Matthias (Hrsg.): Wirtschaft und Ethik, Stuttgart 1992, S. 214 – S. 234
Sass, Hans-Martin: Würde des Gewissens und europäisches Binnenethikrecht, in: Amelung, Knut u.a. (Hrsg.): Strafrecht, Biorecht, Rechtsphilosophie. Festschrift für Hans-Ludwig Schreiber zum 70. Geburtstag am 10. Mai 2003, S. 783 – S. 792
Sautter, Hermann (Hrsg.): Wirtschaftspolitik in offenen Volkswirtschaften. Festschrift für Helmut Hesse zum 60. Geburtstag, Göttingen 1994
Schaefer, Hans: Die gesellschaftlichen Probleme der Therapie, in: Albach, Horst, Busse v. Colbe, Walter; Sabel, Hermann; Vaubel, Ludwig Hrsg.): Zukunftsprobleme unserer Wirtschaft, dargestellt am Beispiel der Pharma-Industrie, in: USW-Schriften für Führungskräfte, Band 8, Wiesbaden 1976, S. 11 – S. 24
Schauenberg, Bernd: Korruption als Ordnungs- und als Organisationsproblem, in: Külp, Bernhard; Vanberg, Viktor (Hrsg.): Freiheit und wettbewerbliche Ordnung. Gedenkband zur Erinnerung an Walter Eucken, Freiburg – Berlin – München 2000

Schauenberg, Bernd (Hrsg.): Wirtschaftsethik: Schnittstellen von Ökonomie und Wissenschaftstheorie, Wiesbaden 1991
Schauensteiner, Wolfgang J.: Korruption in Deutschland – Das Ende der Tabuisierung, in: Pieth, Mark, Eigen, Jürgen (Hrsg.): Korruption im internationalen Geschäftsverkehr, Neuwied, Kriftel 1999, S. 127 – S.147
Schein, Edgar H.: The Problem of Moral Education fort he Business Manager, in: Industrial Management Review, Band 8 (1966), Herbst, No. 1, S. 8 – S. 14
Scheler, Max: Vom Umsturz der Werte, Erster Band, 2. Auflage, Leipzig 1919
Scheler, Max: Vom Umsturz der Werte, Zweiter Band, 2. Auflage, Leipzig 1919
Schlecht, Otto: Ethische Betrachtungen zur Sozialen Marktwirtschaft, in: Walter Eucken Institut, Vorträge und Aufsätze, Heft 97, Tübingen 1983
Schlecht, Otto: Zur Ethik in Euckens Werk, in: Külp, Bernhard; Vanberg, Viktor (Hrsg.): Freiheit und wettbewerbliche Ordnung. Gedenkband zur Erinnerung an Walter Eucken, Freiburg – Berlin – München 2000
Schmid, K.A.: Geschichte der Erziehung vom Anfang an bis auf unsere Zeit, Erster Band: Die vorchristliche Erziehung, bearbeitet von K.A. Schmid und G. Baur, Stuttgart 1884
Schneider, Dieter: Unternehmensethik und Gewinnprinzip in der Betriebswirtschaftslehre, in: ZfbF 42 (1990), S. 869 – S. 891
Schneider, Dieter: Wird Betriebswirtschaftslehre durch Kritik an Unternehmensethik unverantwortlich? In: ZfbF 1991, S. 537 – S. 543
Scholz, Christian (Hrsg.): Individualisierung als Paradigma. Festschrift für Hans Jürgen Drumm (zum 60. Geburtstag), Stuttgart – Berlin – Köln 1997
Schumann, Olaf: Wirtschaftsethik, in: Beschorner, Thomas; Eger, Thomas (Hrsg.): Das Ethische in der Ökonomie. Festschrift für Hans G. Nutzinger, Schriftenreihe Ethik und Ökonomie, Band 1, Marburg 2005
Schweickart, Nikolaus: Wie viel Kultur haben deutsche Manager bzw. Unternehmer? In: Frey, Hans-Joachim; Stenzel, Sabine (Hrsg.): Gemeinsam sind wir besser. Dresdner Kialog, Leipzig 2005, S. 180 – S. 188
Schwemmer, Oswald: Die kulturelle Form der Ethik – Hermeneutische Bemerkungen zum ethischen Prinzipiendenken, in: Keutner, Thomas; Oeffner, Roman; Schmidt, Hajo (Hrsg.): Wissen und Verantwortung. Festschrift für Jan P. Beckmann. Band I: Philosophie, Freiburg/München 2005, S. 208 – S. 223
Siebert, Horst (Hrsg.): The Ethical Foundations of the Market Economy. International Workshop, Tübingen 1994.
Siemons, Mark: Das nette Produkt. Bewährt sich die Wirtschaftsethik im Wettbewerb um Märkte? In: FAZ vom 29.1.1992, S. N3
Siep, Ludwig: Zwei Formen der Ethik, Manuskript o.J.
Siep, Ludwig: Naturbegriff und moderne Ethik, in: Keutner, Thomas; Oeffner, Roman; Schmidt, Hajo (Hrsg.): Wissen und Verantwortung, Festschrift für Jan P. Beckmann, Band I: Philosophie, Freiburg/München 2005, S. 224 – S. 235
Siep, Ludwig: Ethik und Menschenbild, Manuskript o.J.
Simon, Dieter: Verantwortung in heutiger Zeit. Neun Szenen und eine Einkreisung, in: Berlin-Brandenburgische Akademie der Wissenschaften et al. (Hrsg.): Verantwortung in heutiger Zeit. Festveranstaltung anlässlich des 75. Geburtstages von Edzard Reuter, Berlin, Juli 2003, S. 13 – S. 35
Smith, Adam: The Theory of Moral Sentiments, London 1759, Faksimile Edition, Düsseldorf – Frankfurt, Nummer 689
Smith, Adam: An Inquiry into the Nature and Causes of the Wealth of Nations, New Edition, Edinburgh 1863
Soltwedel, Rüdiger: Normen und Institutionen – von der Sozialphilosophie zur praktischen Ethik in: Bertelsmann-Stiftung: Markt mit Moral, a.a.O., S. 35 – S. 43
Spaemann, Robert: Glück und Wohlwollen. Versuch über Ethik, Stuttgart 1989, 254 S.
Spaemann, Robert: Wer hat wofür Verantwortung? Zum Streit um deontologische oder teleologische Ethik, in: Herder-Korrespondenz 1982, S. 345 – S. 350
Spaemann, Robert: Wer hat wofür Verantwortung? Zum Streit um deontologische und teleologische Ethik, in: Herder-Korrespondenz 1982, S. 403 – S. 408

Spaemann, Robert: Nochmals: deontologische oder theologische (es soll wohl auch hier heißen: teleologische) Moralbegründung) Eine Replik von Robert Spaemann, in: Herder-Korrespondenz 1983, S. 79 – S. 94

Spinoza, Benedict de: Die Ethik. Schriften und Briefe, hrsg. Von Friedrich Bülow, Stuttgart 1982

Starbatty, Joachim: Freiheit und Gleichheit. Gedanken zu einem vermuteten Antagonismus, in: Leube, Kurt R. (Hrsg.) Vordenker einer neuen Wirtschaftspolitik, Festschrift für Christian Watrin, Frankfurt a.M. 2000, S. 243 – S. 253

Staute, Jörg: Das Ende der Unternehmenskultur. Innenansichten bundesdeutscher Firmen, München 1997 (Heyne Verlag) HEYNE BUSINESS Band 22/2053, 1998

Steinmann, Horst; Löhr, Albert (Hrsg.): Unternehmensethik, Stuttgart 1989

Steinmann, Horst: Ethik und Organisationsgestaltung, in: Glaser, Horst u.a. (Hrsg.): Organisation im Wandel der Märkte. Erich Frese zum 60. Geburtstag, Wiesbaden 1998

Steinmann, Horst; Löhr, Albert: Die Diskussion um eine Unternehmensethik in der Bundesrepublik Deutschland, in: Lenk, Hans; Maring, Matthias (Hrsg.): Wirtschaft und Ethik, Stuttgart 1992, S. 235 – S. 252

Stiftung für Kommunikationsforschung (Hrsg.): Die Ethik der Informationsgesellschaft, Bonn 1984

Tietz, Reinhard; Bartos, Otomar J.: Fairness in Negotiations, in: Frankfurter Arbeiten zur experimentellen Wirtschaftsforschung Nr. A 9 , Mai 1981

Trayser, Klaus Dieter: Christliche Ethik in: Beschorner, Thomas; Eger, Thomas (Hrsg.): Das Ethische in der Ökonomie. Festschrift für Hans G. Nutzinger, Schriftenreihe Ethik und Ökonomie, Band 1, Marburg 2005

Tsanoff, Radoslav A.: Ethics, History of, in: Colliers Encyclopedia, Vol. 9, 1971

Ulrich, Peter: Diskursethik und Politische Ökonomie, in: Biervert, Bernd; Held, Martin (Hrsg.): Ethische Grundlagen der ökonomischen Theorie, Frankfurt/M – New York 1989, S. 70 – S. 99

Vanberg, Viktor: Ordnungsökonomik und Ethik – Zur Interessenbegründung von Moral, in: Külp, Berhnard; Vanberg, Viktor (Hrsg.): Freiheit und wettbewerbliche Ordnung. Gedenkband zur Erinnerung an Walter Eucken, Freiburg – Berlin – München 2000

Wagner, Gerd Rainer (Hrsg.): Unternehmensführung, Ethik und Umwelt, Hartmut Kreikebaum zum 65. Geburtstag, Wiesbaden 1999

Weinert, Franz: Zur Genese des Zusammenhangs zwischen moralischer Einsicht und ethischem Handeln. Kann die entwicklungspsychologische Grundlagenforschung für Theorien des Strafrechts relevant sein? In: Albrecht, Hans-Jörg u.a. (Hrsg.): Wechselwirkungen, Freiburg 2001, S. 147 – S. 162

Wenke, Karl Ernst (Hrsg.): Ökonomie und Ethik. Die Herausforderung der Arbeitslosigkeit, in: SWI Studienhefte 4, Frankfurt/M 1984

Werner, Gitta: Ethik oder Religion? Zum Ersatzunterricht für den Religionsunterricht, in: Depenheuer, Otto, u.a. (Hrsg.): Nomos und Ethos, Berlin 2002, S. 43 – S. 66

Wunderlich, Werner: Schwankhafte Unternehmensethik: Strategie und Schwabenstreich. Ein Konstanzer Mittelständler in der Literatur um 1000. in: Brauchlin, Emil; Pichler, J.Hanns (Hrsg.): Unternehmer und Unternehmensperspektiven für Klein- und Mittelunternehmen. Festschrift für Hans Jobst Pleitner aus Anlaß seiner Emeritierung, Berlin – St. Gallen 2000

Zusammenfassung

Der Aufsatz untersucht die Bedeutung der Allgemeinen Ethik für die Unternehmung und die Bedeutung der Unternehmensethik für die betriebswirtschaftliche Theorie.

Im Ergebnis zeigt sich: Die Formulierung ethischer Ziele ist die Grundlage jeder Ethik. Das Ziel der Eudaimonia, des gelungenen Lebens, ist Grundlage der Nikomachischen Ethik. Da das Ziel der Maximierung des eigenen Nutzens komplementär zu dem Ziel der Verbesserung des Wohlergehens der Individuen in der Gesellschaft ist, enthält die ethisch begründete Zielfunktion des Handelns des einzelnen Mitarbeiters und des Unternehmens als Institution zwei Argumente: Das Eigeninteresse und das Interesse der Partner. Das stimmt mit der Nikomachischen Ethik überein.

Der Kategorische Imperativ ist der entscheidende Grundsatz bei der Beurteilung des moralischen Umgangs mit den Mitarbeitern und den Partnern des Unternehmens. Der Kategorische Imperativ schließt opportunistisches Verhalten aus.

Für die Betriebswirtschaftslehre ist selbstverständlich, daß das Recht zum Handeln die Pflicht zur Verantwortung einschließt. Handlungsethik und Verantwortungsethik sind daher zwei Seiten einer Medaille. In der Organisation des Unternehmens wird gewährleistet, daß diejenigen Personen zur Rechenschaft gezogen werden, denen die Verantwortung für die Entscheidung übertragen worden sind.

Bei Interessenkonflikten nützt die Diskursethik nichts, bei Informationskonflikten ist sie überflüssig. In der Unternehmensethik wird die Diskursethik auch deshalb überschätzt, weil vielfach die betroffenen Partner für den Diskurs fehlen.

Das Sarbanes-Oxley-Gesetz hat beachtliche Impulse für die Weiterentwicklung innerbetrieblicher Rahmenbedingungen für moralisches Verhalten aller Mitglieder des Unternehmens gegeben. Als Beispiel dafür wird der Code of Ethics der Firma ProLogis herangezogen.

Summary

In this paper we analyze the importance of General Ethics for Corporate Behavior as well as the importance of Corporate Ethics for the Theory of the Firm.

We show: Formulating ethical objectives of behavior is the foundation of General Ethics. The objective of the Nikomachean ethics is eudaimonia, a fulfilled life. Since maximizing one's own utility function is complementary to the improvement of wellbeing of all other individuals in society, the ethical objective function of the individual employee and of the company as a whole contains two arguments: the utility of the individual (or the company) and the utility of the partners within and without the company. This is in line with the objective of Nikomachean ethics. Such a utility function is used in multi-objective programming, but not in contract theory.

The Categorical Imperative is basic for the assessment of moral behavior towards all employees and all partners of the company. The Categorical Imperative is inconsistent with opportunistic behavior. Therefore, the basic assumption of contract theory is morally deficient.

In the theory of the firm it is self-evident that the right to act is inextricably connected with the responsibility for the results. The ethics of behavior and the ethics of responsibility are consequently the two sides of the same coin. In devising the organizational structure of the firm, it is important to assign responsibility to the persons who decide.

Discourse ethics provides little help in conflicts of interest. Discourse ethics is dispensable in conflicts of incomplete information. In the writings of corporate ethics discourse ethics is highly overvalued for the simple reason that the appropriate partners for the discourse may not be available (e.g. the unemployed, the unborn).

The Sarbanes-Oxley Act of 2002 has given significant impulses for the development of the internal framework for behavior of all parties in the corporation. As an example for a Code of Ethics, that shows significant progress over the Ethics Codes of the seventies, we present the Code of Ethics of ProLogis.

JEL: M14

Zweiter Teil

Stellungnahmen
von Autoren
mit
praktischen Erfahrungen mit
Kodices ethischen Verhaltens

Code of Ethics

Überlegungen und Erfahrungen

Von Karl-Hermann Baumann

Eingegangen: 31. Mai 2005

Dr. Karl-Hermann Baumann, Wittelsbacher Platz 2, 80333 München

ZfB
ZEITSCHRIFT FÜR BETRIEBSWIRTSCHAFT

A. Selbstverpflichtung

Be ethical – it pays! Dieser Umgang mit der Ethik hat die Einführung sog. Codes of Ethics in Deutschland zunächst nicht erleichtert. Ethics Codes sind aber inzwischen „state of the art“ in den Compliance-Programmen international tätiger Unternehmen. Denn für ihre Einführung in einem Unternehmen gibt es eine Reihe von unterschiedlichen guten Gründen (ohne diese abschließend aufzählen zu wollen).

Ethics Codes kodifizieren im Wege der Selbstregulierung die Grundwerte einer Organisation. Durch diese werteorientierte Selbstbindung und Selbstverpflichtung werden die Leitlinien, Verhaltens- und Verfahrensweisen der Unternehmensführung festgeschrieben. Dies betrifft den Umgang der Mitarbeiter untereinander und die Ausübung der Verantwortung füreinander und gegenüber Dritten – wie etwa den Kunden, den Lieferanten und der Gesellschaft insgesamt. Ein Ethics Code kann und sollte im Idealfall dem Unternehmen Identität und Glaubwürdigkeit geben und im Wettbewerb um Mitarbeiter, dem „war for talents“, zum unternehmerischen Erfolg beitragen.

B. Selbststeuerung

Ein Code of Ethics als transparente und wertorientierte Selbststeuerung gibt Integrität und Richtschnur nicht nur im Wettbewerb um Kunden und gegenüber Lieferanten. Das Unternehmen präsentiert sich der Gesellschaft, in deren Gemeinwesen es geschäftlich tätig ist, als ein „good corporate citizen“.

Die im Zuge der globalisierten Wirtschaftsbeziehungen aufgrund einzelner Missbrauchsfälle erheblich gestiegene Sensibilität aller „Stakeholder“ für eine Werteorientierung auf der Grundlage einer Selbstverpflichtung verändert auch die Kooperationsbeziehungen der Unternehmen untereinander; so verlangen zunehmend Kunden von ihren Lieferanten sog. Corporate Social Responsibility Self Assessments, in denen insbesondere das Bestehen und der Inhalt eines Ethics Codes abgefragt wird.

Der Anspruch eines Ethics Code, nämlich die Integration moralischer Ansprüche in die geschäftlichen Belange, ist im Kern nicht zu kritisieren, sondern Folge der globalen Wahrnehmung von Verantwortung.

C. Gesetze und Sanktionen

Hinzu treten rechtliche Rahmenbedingungen bzw. Anforderungen staatlicher Organisationen und damit „handfeste“ Gründe, die für einen Ethik-Kodex im Unternehmen sprechen.

Hier ist etwa zunächst auf die US Federal Sentencing Guidelines zu verweisen, in denen Strafzumessungsregeln für natürliche und juristische Personen niedergelegt sind[1]. In § 8 B 2.1 (b) (1) ist bestimmt: „The organisation shall establish standards and procedures to prevent and detect criminal conduct“. Da die USA ein Unternehmensstrafrecht mit der Möglichkeit kennen, horrende Geldstrafen über ein Unternehmen zu verhängen, kann ein

Ethics Code im Zusammenhang mit einem Compliance-Programm, oder auch deren Fehlen, eine maßgebliche Rolle bei der Strafzumessung spielen.

Unmittelbar gefordert wird ein Ethics Code in Sec. 303 A (10) der NYSE Corporate Governance Listing Standards: „Listed companies must adopt and disclose a code of business conduct and ethics for directors, officers and employees...". Diese Regelung gilt zwar nicht unmittelbar für Foreign Private Issuers, strahlt aber auf sie aus.

Ein spezifischer Code of Ethics wird in Sec. 406 des Sarbanes-Oxley Act angesprochen, nämlich für Senior Financial Officers. Subsection (c) enthält eine gesetzliche Definition des Code of Ethics for Senior Financial Officers[2]. Zwar hat ein an einer amerikanischen Börse gelistetes Unternehmen die Freiheit, keinen solchen Code of Ethics einzurichten, muss aber den Grund dafür offen legen[3]. Dies ist wohl eine theoretische Freiheit, denn die Finanzmärkte überzeugende Gründe gegen einen Code of Ethics for Senior Financial Officers sind bislang noch nicht offen gelegt worden.

Aber auch in Europa gibt es gesetzliche Grundlagen für einen Unternehmens-Ethik-Kodex. Die italienische Gesetzesverordnung Nr. 231 vom 08. Juni 2001 „Zur Regelung der verwaltungsrechtlichen Haftung von Juristischen Personen, Gesellschaften und Vereinigungen, auch ohne Rechtspersönlichkeit..."[4] regelt in Artikel 6, dass das Unternehmen nicht für Straftaten von Mitarbeitern haftet, die in seinem Interesse oder zu seinem Vorteil begangen wurden, wenn die Unternehmensleitung geeignete Organisations- und Management-Modelle zur Verhütung von Straftaten eingeführt und effektiv umgesetzt hat. Nach Absatz 2 gehört zu diesen Organisations-Modellen die Erstellung von besonderen unternehmensinternen Regelungen zur Verhinderung von Straftaten. Absatz 3 ergänzt, dass Organisations- und Management-Modelle auf der Grundlage eines von einem Unternehmensverband abgefassten und dem Justizministerium mitgeteilten Verhaltenskodex eingeführt werden können[5].

Damit wird der Ethics Code in diesen Ländern zu einem wichtigen Instrument bei der Erfüllung der Organisations- und Aufsichtspflicht der Geschäftsleitung eines Unternehmens.

D. Ethics Code und deutsches Recht

I. Aktiengesetz

Dies wirft die Frage auf, ob auch der deutsche Gesetzgeber im Aktiengesetz einen Ethik-Kodex verlangen sollte, so wie er z.B. die Corporate Governance-Erklärung in § 161 AktG statuiert. Zunächst sei klargestellt, dass das Gesellschaftsrecht dafür nicht der richtige rechtliche Rahmen sein kann. Mit einem Ethik-Kodex soll strafbares Verhalten im Unternehmen oder aus dem Unternehmen heraus unabhängig von der Rechtsform verhindert werden. Auch ein Spezial-Kodex für die Verantwortlichen des Rechnungswesens, wie ihn Sec. 406 des Sarbanes-Oxley Acts regelt, hat im Aktiengesetz, der gesetzgeberisch ausführlichsten Regelung einer Gesellschaftsform, nichts zu suchen. Wir kennen in Deutschland kein rechtsformbezogenes Unternehmensstrafrecht.

II. Gesetz über Ordnungswidrigkeiten

Als Sedes Materiae kommt auch das Gesetz über Ordnungswidrigkeiten mit seinem § 30 „Geldbuße gegen juristische Personen und Personenvereinigungen" in den Blick. Dies bezieht sich auf eine Verletzung der gesetzlichen Pflichten, die die juristische Person treffen, durch ihre Organmitglieder. Solche Pflichten des Unternehmens werden aber in einem Ethik-Kodex üblicherweise nicht geregelt.

III. Rechtsprechung

Die Frage nach gesetzlicher Einführung eines Ethik-Kodices beschränkt sich damit auf die Voraussetzung einer zivilrechtlichen Haftung bei Verletzung von Organisations- und Aufsichtspflichten. Hier mag ein Ethik-Kodex im Zusammenhang mit entsprechenden Umsetzungs- und Kontrollmaßnahmen durchaus als ein Nachweis für die Erfüllung der Organisationspflichten dienen. Aber: Muss deswegen der Gesetzgeber handeln? Zu einem der Grundprinzipien der sozialen Marktwirtschaft gehört auch die Subsidiarität staatlichen Handelns in Bereichen, die durch Selbstverpflichtung der wirtschaftlichen Akteure ausreichend und sachnäher geregelt werden können. Bei einer Vielzahl der Lebenssachverhalte und der geschäftstypischen Gefahren der Verletzung von Recht und Gesetz wäre jeder in einem Gesetz vorgeschriebene „Muster-Ethik-Kodex" notwendigerweise nie konkret genug. Der Sinn eines Ethik-Kodex muss aber gerade darin bestehen, die geschäftstypischen Gefahren der Verletzung von Recht und Gesetz zu bekämpfen. Eine Fast-Food-Kette hat dabei mit anderen Problemen zu kämpfen als ein Öl-Multi. Eine auf die Bedürfnisse des einzelnen Unternehmens maßgeschneiderte Ausformulierung eines Ethik-Kodex würde durch die Vorgaben eines Muster-Kodex konterkariert. Allenfalls die Rechtsprechung wäre in der Lage, behutsame Standards über derartige Selbstverpflichtungen hinaus zu formulieren.

IV. Arbeitsrecht

Die eigentliche rechtliche Bedeutung eines Ethik-Kodex in Deutschland liegt im Arbeitsrecht. Mitarbeiter und Mitarbeiterinnen verpflichten sich üblicherweise, die Verhaltensregeln eines Ethik-Kodex ihres Arbeitgebers einzuhalten, so dass der Kodex Bestandteil des Arbeitsvertrages wird, oder die Mitarbeiter und Mitarbeiterinnen in regelmäßigen Abständen eine Erklärung unterschreiben müssen. Richtigerweise sollte eine Verpflichtungserklärung einen Hinweis auf disziplinarische Maßnahmen bei Verletzung der Verhaltensregeln enthalten. Wer trotzdem diese Regeln verletzt, gibt dem Arbeitgeber die Möglichkeit, zu entsprechenden disziplinarischen Maßnahmen zu greifen, ggf. sogar das Arbeitsverhältnis zu beenden. Werden die arbeitsrechtlichen Konsequenzen vom Arbeitgeber systematisch gezogen, wird ein Ethik-Kodex ein wichtiges Instrument zur Bewahrung oder Verbesserung der Unternehmensethik.

E. Wirksamkeit

Gleichwohl soll die Frage gestellt werden: Hätten Skandale in der Unternehmenswelt verhindert werden können, wenn die betroffenen Unternehmen einen Ethik-Kodex gehabt hätten? Wahrscheinlich haben sogar einige Skandal-Unternehmen solche Ethik-Kodizes eingerichtet. Die entscheidende Frage ist dann: Haben sie sie auch praktiziert? Ein Ethik-Kodex als formaler Nachweis der Erfüllung der Organisations- und Aufsichtspflicht taugt nicht. Aber auch wenn ein Ethik-Kodex im Rahmen eines Compliance-Programmes implementiert wird, wird er kriminelle Energie nicht ausrotten können. Nur: Verhindern unsere Strafgesetze Straftaten? Nein. Wollen wir deshalb aber auf Strafgesetze verzichten? Die Antwort lautet ganz klar: Nein.

Dasselbe gilt auch für Ethik-Kodizes im Unternehmen.

Anmerkungen

1 herausgegeben von der United States Sentencing Commission in der Fassung vom 15. Oktober 2004, in Kraft seit 1. November 2004

2 In this section, the term „code of ethics" means such standards as are reasonably necessary to promote –
(1) honest and ethical conduct , including the ethical handling of actual or apparent conflicts of interest between personal and professional relationships;
(2) full, fair, accurate, timely and understandable disclosure in the periodic reports required to be filed by the issuer and
(3) compliance with applicable governmental rules and regulations

3 aus: final rule der SEC zu Sec. 406 SOA:
„... If the registrant has not adopted such a code of ethics, explain why it has not done so."

4 DECRETO LEGISLATIVO 8 giugno 2001, n.231 Disciplina della responsabilità amministrativa delle persone giuridiche, delle società e delle associazioni anche prive di personalità giuridica, a norma dell'articolo 11 della legge 29 settembre 2000, n. 300

5 I modelli di organizzazione e di gestione possono essere adottati, garanetendo le esigenze di cui al comma 2, sulla base di codici di comportamento redatti dalle associazioni rappresentative degli enti, comunicati al Ministero della giustizia che, di concerto con i Ministeri competenti, puo' formulare, entro trenta giorni, osservazioni sulla idoneita' dei modelli a prevenire i reati.

Ethik und soziale Verantwortung bei DaimlerChrysler

Von Eckhard Cordes

Eingegangen: 4. Juni 2005

Dr. Eckhard Cordes, Mitglied des Vorstands, DaimlerChrysler AG.
CVD-F 309, 70546 Stuttgart

ZfB
ZEITSCHRIFT FÜR BETRIEBSWIRTSCHAFT

A. Einführung

„Das Gute – dieser Satz steht fest –
ist stets das Böse, was man läßt.“

Ist dieses Zitat* von Wilhelm Busch deshalb so bekannt und treffend, weil es Platons Individualethik ziemlich genau auf den Punkt bringt? Das Gute als Leitidee eines von der Vernunft gelenkten menschlichen Handelns - und die Freiheit, sich auch für das Nicht-Gute entscheiden zu können. Fast 2400 Jahre abendländischen Denkens haben an diesem Kern nicht wirklich gerüttelt. Die Normen unseres Handelns scheinen auf einem unerschütterlichen geistigen Fundament zu stehen. Und die Prinzipien von Rechtfertigung und Verantwortung sind untrennbar in unsere Moralvorstellungen eingegangen.

Aber ist das wirklich so? Oder haben wir Handelnde in Wirtschaft und Politik nicht viel zu lange die Ethik den Moralphilosophen, Theologen und anderen Tugendwächtern überlassen? In der Erwartung, dass diese schon wüssten, wie die jeweilige epochale Neuinterpretation jener Disziplin auszusehen habe. Im harten Arbeitsalltag und im Wirtschaftswettbewerb haben wir jedenfalls lange geglaubt, auf sie verzichten zu können. Nicht, weil wir gegen sie verstoßen wollten. Im Gegenteil, sie schien uns zu hoch und zu weit entfernt, um sie in die Niederungen der Geschäftigkeit zu ziehen. Doch dies war aus heutiger Sicht ein Fehler. Denn unsere Gründerväter hatten sie sehr wohl in ihre damaligen Unternehmensentwürfe mit eingebracht. Und für uns war es höchste Zeit, die Prinzipien von Ethik und sozialer Verantwortung wieder sichtbar im Unternehmen zu etablieren.

B. Ethik als Vision und Leitbild

Jedes Unternehmen braucht ein Leitbild. Dies gilt erst recht, wenn Zigtausende von Mitarbeitern geführt und weltumspannende Geschäfte abgewickelt werden sollen. Visionen und *mission statements* sind heute die sinnstiftenden Leitbilder, um die Stakeholder im Unternehmen auf ein gemeinsames großes Ziel auszurichten. Doch in diesen Visionen dominieren zumeist technologische Zielsetzungen, Wettbewerbsdefinitionen und eine globale Orientierung am Kunden. Eher noch als Humanprinzipien taucht die Verpflichtung gegenüber der Umwelt auf. Aber das ist eindeutig zu wenig: Erst die Reintegration der Unternehmensethik komplettiert die vorhandenen Elemente zu einer Art inneren Verfassung des modernen Unternehmens. Die DaimlerChrysler AG verfügt seit 1999 über eine verbindliche *Verhaltensrichtlinie* sowie seit 2002 über *Grundsätze zur sozialen Verantwortung*, die von ethischen Normen abgeleitet wurden.

Zwei wesentliche Entwicklungen haben zu dieser neubegründeten inneren Verfassung des Unternehmens geführt: Zum einen belegen viele Untersuchungen einen allgemeinen Werteverfall in Gesellschaft und Unternehmen. So klagte in einer Befragung (der Hermes Kreditversicherungs-AG) eine deutliche Mehrheit der Firmenchefs über Wirtschaftskriminalität in ihren Unternehmen, wobei überwiegend sogar eigene Mitarbeiter beteiligt waren. Und deutlich mehr als die Hälfte der befragten Unternehmer gaben zu Protokoll, dass sie mit einer weiteren Verschlimmerung des Problems rechnen. Große Unternehmen – das zeigt sich hier – sind ein Abbild der Gesellschaft. Zum anderen hat der Zusammenschluss von Daimler-Benz und Chrysler im Jahre 1998 ein *truly global enterprise* geschaffen, das unsere unternehmerische Perspektive, unsere Arbeitsbeziehungen, Marktbedeutung, Größe und damit auch die unternehmerische Verantwortung dramatisch verändert hat.

C. Verantwortung vs. Werteverfall

Zur Wahrung dieser gewachsenen Verantwortung sind ein weltweit anerkanntes Image und ein hervorragender Ruf von DaimlerChrysler in der Öffentlichkeit, bei Kunden und Geschäftspartnern eine der wichtigsten Grundlagen, aber auch höchste Verpflichtung. Der Weg dorthin kann nur über ein einwandfreies und verantwortungsvolles Handeln jedes einzelnen Mitarbeiters führen.

Im Juli 1999 wurde die erste, für alle Mitarbeiter des DaimlerChrysler Konzerns gültige *Verhaltensrichtlinie* (engl.: *Integrity Code)* veröffentlicht. Im Herbst 2001 hat DaimlerChrysler den von UN-Generalsekretär Kofi Annan initiierten *Global Compact* unterzeichnet. Mit den dort nieder gelegten neun Prinzipien wird die Wirtschaft angeregt, sich zu so grundlegenden Dingen wie der Wahrung der Menschenrechte und dem Schutz von Arbeitsplätzen und Umwelt zu bekennen. 2002 verpflichteten sich Geschäftsleitung und Arbeitnehmervertreter von DaimlerChrysler auf die *Grundsätze zur sozialen Verantwortung*, womit DaimlerChrysler den *Global Compact* umsetzte. Die Prinzipien umfassen die Verpflichtung des Unternehmens, international anerkannte Menschenrechte zu wahren, den Grundsatz der Chancengleichheit bei der Beschäftigung anzuwenden sowie weltweit gültige Mindestarbeitsbedingungen zu gewährleisten.

D. Ethik und soziale Verantwortung als Rahmen globalen Handelns

Somit besteht das Gebäude der ethischen Grundverfassung der DaimlerChrysler AG aus drei wesentlichen Bestandteilen: Das übergreifende Dach bilden die aus dem *Global Compact* abgeleiteten weltweit verbindlichen *Grundsätze zur sozialen Verantwortung*. Der Mittelbau besteht aus der ebenfalls konzern-/weltweit gültigen *Verhaltensrichtlinie*, welche die Werte und Maßstäbe der Unternehmenskultur von DaimlerChrysler verbindlich definiert. Die Basis stellen dann z.B. in Deutschland die Prinzipien für den *Fairen Umgang am Arbeitsplatz* dar, in denen die Leitwerte in konkrete und anwendungsbezogene Regeln und Hilfestellungen herunter gebrochen werden. Dazu gehören insbesondere auch Definitionen, was DaimlerChrysler unter Diskriminierung, Mobbing und sexueller Belästigung im Betrieb versteht, und wie Mitarbeiter und Führungskräfte durch offenen und toleranten Umgang miteinander solche Verhaltensweisen verhindern sollen. Alle diese Regelwerke sind mit den zuständigen Arbeitnehmervertretungen abgestimmt und setzen rechtsverbindliche Maßstäbe für das Handeln von Führungskräften und Mitarbeitern untereinander und gegenüber Dritten.

Bei Fragen, Unsicherheiten und Beschwerden dienen wie in der Vergangenheit Vorgesetzte, Personalabteilung, Arbeitnehmervertreter und die Revision als Ansprechpartner.

Darüber hinaus hat DaimlerChrysler an den beiden Konzern-Hauptsitzen in Stuttgart und Auburn Hills Ansprechpartner des Business Practices Office (BPO) eingerichtet, die persönlich, telefonisch und schriftlich erreichbar sind. Das BPO sammelt und kanalisiert nicht nur die eingehenden Fälle, sondern dokumentiert die Entwicklung für den Prüfungsausschuss des Aufsichtsrats, der damit eine wirkungsvolle Kontrollfunktion erhält. Grundsätzlich setzt DaimlerChrysler interne Kontrollsysteme ein, um die Einhaltung von Gesetzen und unternehmens- internen Regelungen zu gewährleisten. So prüft der Bereich Corporate Audit (Revision) im Rahmen seiner Standard-Prüfkriterien z.B. auch die Einhaltung der *Verhaltensrichtlinie*. Zusätzlich sollte man nicht den Einfluss der sozialen Kontrolle unterschätzen, der vor allem bei außerdienstlichen Aktivitäten eine wichtige Rolle spielen kann.

E. Wertekanon aus ungeschriebenen Gesetzen

Natürlich haben wir bei DaimlerChrysler die Unternehmensethik nicht neu erfunden. Das wäre auch gar nicht erforderlich gewesen. Das Unternehmen zeichnet seit jeher eine hohe Sozialtradition aus, die sich unter anderem an der erfolgreichen Integration seiner vielen ausländischen Mitarbeiter seit Ende der 50er Jahre festmacht. Auch die Sozialleistungen für die eigene Belegschaft waren stets vorbildlich, ebenso wie das Engagement in der Öffentlichkeit. Leistungen für Sozialeinrichtungen, Institutionen, Vereine und Organisationen verschiedenster Art waren und sind an allen Standorten des Unternehmens selbstverständlich, flossen jedoch bislang in kein zentrales Reporting ein.

Anstöße, den bereits bestehenden eigenen Wertekanon aus ungeschriebenen Gesetzen neu zu formatieren und sichtbar für die inner- und außerbetriebliche Öffentlichkeit an die Wand zu hängen resultieren aus der Globalisierungsdebatte und der andauernden gesamtgesellschaftlichen Wertediskussion. . Sicherlich haben wir bei dieser Besinnung auch von *lessons learned* profitiert, die einzelne Manager oder Unternehmen machen mussten.

Interessenkonflikte sind nie ganz auszuschließen. Aber DaimlerChrysler hat in seiner *Verhaltensrichtlinie* zumindest klare Regeln für eine Vielzahl von Situationen aufgestellt. DaimlerChrysler verlangt die Einhaltung höchster ethischer Standards von seinen Mitarbeitern und ächtet jegliche Form von Korruption. Von Zulieferern und Geschäftspartnern wird entsprechendes Verhalten erwartet. Unser Konzern-Einkaufschef Tom Sidlik hat die Grundsätze zur sozialen Verantwortung in die Lieferantenkommunikation übernommen und mit einem persönlichen Schreiben die DaimlerChrysler *Verhaltensrichtlinie*, inzwischen ergänzt um die *Grundsätze zur sozialen Verantwortung*, an alle Geschäftspartner versenden lassen. Die Botschaft lautet: Wer mit DaimlerChrysler zu tun hat, soll möglichst entsprechend verfahren, weil die Geschäftsbeziehung dann eine tragfähigere und nachhaltige Grundlage hat.

Für DaimlerChrysler ist es unstrittig, dass eine gelebte Unternehmensethik und die Einhaltung der Spielregeln im betrieblichen Arbeitsalltag auch einen betriebswirtschaftlichen Erfolgsfaktor darstellen. Das Unternehmen ist überzeugt, dass Ethik und soziale Verantwortung ein wichtiger Baustein für den langfristigen Erfolg und zugleich Ergebnis und Bedingung einer wertorientierten und nachhaltig profitablen Unternehmensführung sind. Alle Beschäftigten des Konzerns tragen so zu einer Unternehmenskultur bei, die von einer fairen und kooperativen Zusammenarbeit geprägt ist.

F. Ethik als betriebswirtschaftlicher Erfolgsfaktor

Unfaires Verhalten hingegen verursacht hohe Kosten: Nachlassende Leistungsbereitschaft, Reibungsverluste, mangelnde Arbeitsqualität sowie Störungen in der Zusammenarbeit können die Folge sein. Fest steht, dass die Folgen von unfairem Verhalten sich in allen Fällen negativ auf die Wirtschaftlichkeit des Gesamtunternehmens auswirken. Ein Unternehmen jedoch, das sich selbst bei Design, Innovation, Qualität, Kundenorientierung und Profitabilität allerhöchste Maßstäbe setzt, muss einem solchen Verhalten zwecks Wahrung der Wettbewerbsfähigkeit entschieden entgegen treten.

Wir werden in Deutschland oft gefragt, ob wir einen Verhaltenskodex wirklich benötigen. Darin schwingt die skeptische Frage mit, ob ein solcher Kodex mehr leisten kann als die Einhaltung von Recht und einschlägigen Gesetzen. In den Vereinigten Staaten von Amerika ist das längst kein Thema mehr, dort gehört ein Code of Ethics zum gelebten Firmenalltag. Ich habe bereits eine Reihe von Argumenten genannt, die diese Frage auch hier mit einem klaren Ja beantworten. Das Regelwerk von DaimlerChrysler hat dazu beigetragen, dass unsere Mitarbeiter für diese Thematik heute wesentlich stärker sensibilisiert sind als noch vor einigen Jahren.

G. Praktische Hilfe für konkrete Arbeitssituationen

Wichtig ist in diesem Zusammenhang, dass die Regeln bei DaimlerChrysler nicht nur allgemeine Orientierung durch hehre Grundsätze statuieren, sondern konkrete Handlungsmaximen, Verhaltensweisen und Beispiele formulieren. Damit bieten sie dem Mitarbeiter praktische Hilfestellungen für konkrete Arbeitssituationen und somit auch ein Plus an Rückhalt und Rechtssicherheit. Natürlich ist das Ganze auch ein dynamischer Prozess, denn zum einen kann kein praktikables Regelwerk beanspruchen, alle Möglichkeiten und Einzelfälle mit Handlungsanweisungen zu versehen. Und zum zweiten kann eine Verhaltensrichtlinie in einem Konzern von mehr als 388.000 Mitarbeitern weltweit mit unterschiedlichster Aufgabenstellung nicht für alle Betroffenen die gleiche Relevanz haben.

Ethische Grundlagen im Unternehmen zu etablieren ist deshalb eine permanente Aufgabe, der die Geschäftsführung durch Kommunikation und Schulung gerecht werden muss. Nicht zuletzt aber auch durch das eigene, untadelige Vorbild. Wirkungsvoll kann nur etwas sein, was positiv in den Köpfen verankert ist, was also verstanden wurde und gelebt wird.

H. Strenger als Recht und Gesetz

Gehen jedoch die Vorschriften des Ethikkodex über die Einhaltung der bestehenden Gesetze hinaus? Bei DaimlerChrysler eindeutig ja! Ich möchte das anhand von zwei Beispielen deutlich machen: Im Gegensatz zur früheren in Deutschland lange Zeit tolerierten Praxis der nützlichen Aufwendungen, die bei der Steuerveranlagung berücksichtigt wurden, ächtet die Verhaltensrichtlinie der DaimlerChrysler AG hingegen sämtliche Ausprägungen von Korruption und schreibt dezidiert vor, wie die Beziehungen zu Politikern, Beamten,

Lieferanten, Händlern und anderen Geschäftspartnern auszusehen haben. Bei Nichteinhaltung drohen Sanktionen, die bis zum Verlust des Arbeitsplatzes und der Einschaltung der Strafverfolgungsbehörden reichen.

Beispiel zwei: Tritt ein DaimlerChrysler Mitarbeiter ohne Billigung und Abstimmung seines Arbeitgebers in der Öffentlichkeit auf und plaudert dabei Firmeninterna aus, so wäre dies vermutlich kein Fall für den Staatsanwalt. Die Verhaltensrichtlinie der DaimlerChrysler AG gibt dem Unternehmen jedoch das Recht, einen Mitarbeiter zur Verantwortung zu ziehen, wenn er die Interessen und Ziele des Unternehmens in der Öffentlichkeit verletzt.

I. Deutscher Corporate Governance Kodex

Man könnte fragen, ob nicht der *Deutsche Corporate Governance Kodex* individuelle Ethik-Grundsätze in den Unternehmen überflüssig macht. Aber das ist mitnichten der Fall. Der deutsche Kodex, der zwischen September 2001 und Mai 2003 von einer Regierungskommission erarbeitet wurde und weiter überwacht wird, führt keine ethischen Motive ins Feld. Er berührt schon qua eigener Definition nur die obersten Lenkungsgremien im Unternehmen, also Vorstand und Aufsichtsrat, und richtet sich ausschließlich an börsennotierte Kapitalgesellschaften. Seine Bestimmungen setzen sich aus gesetzlichen Vorgaben („muss"), Empfehlungen („soll") und Anregungen („kann") zusammen, denen inzwischen weitgehend von den DAX-30 Unternehmen entsprochen wird. Die detaillierte Position von DaimlerChrysler findet sich an prominenter Stelle unserer Homepage im Internet.

Die Ziele der Corporate Governance in Deutschland sind erklärtermaßen auf die Aktionärsinteressen gerichtet, schreiben die duale Verfassung zwischen Aufsichtsrat und Vorstand fest, postulieren eine transparente Unternehmensführung und wollen die Unabhängigkeit von Kontrolleuren und Abschlussprüfern stärken. Das hat mit ethischen Prinzipien nichts zu tun. Es adressiert vor allem jahrelange internationale Vorbehalte gegen die innere Verfassung der Deutschland AG. 99,9 Prozent unserer Mitarbeiter haben mit dem deutschen Kodex nichts zu schaffen, weil er für ihre tägliche Arbeit nicht relevant ist.

J. Anlegerschutz nach dem Sarbanes-Oxley Act

DaimlerChrysler – als ein an U.S.-amerikanischen Börsen gehandeltes Unternehmen – unterliegt wie alle anderen ausländischen Kapitalgesellschaften in den USA den durch den Sarbanes-Oxley Act verschärften börsenaufsichtsrechtlichen Bestimmungen der SEC. Für ein wirklich globales Unternehmen wie die DaimlerChrysler AG stellt sich die Überlegung, ob wir in Deutschland ein vergleichbares Gesetz brauchen, demnach nicht. Trotz aller Fortschritte in der Globalisierung sind Landesgesetze auch heute noch starke Ausprägungen einer nationalen Rechtskultur. Und diese ist in den USA deutlich verschieden von der unsrigen. Den Sarbanes Oxley-Act eins zu eins auf Deutsches Recht zu übertragen, könnte also kulturelle und rechtliche Konflikte auslösen.

DaimlerChrysler hat allerdings auf die Einführung des Deutschen Corporate Governance Kodex und des Sarbanes Oxley-Act mit dem Erlass eines speziellen *Code of Ethics for Senior Financial Officers* reagiert. Der CESFO trägt der besonderen Verantwortung derjenigen Manager Rechnung, die für das Unternehmen die sensiblen Bereiche Rechnungslegung, Controlling, Treasury, Investor Relations und Corporate Audit leiten. Seine Bestimmungen legen fest, dass diese Kollegen mit ihrer ganzen fachlichen Autorität und Persönlichkeit für die Ergebnisse und Zahlen gerade stehen, die sie für das Unternehmen ermitteln und aufstellen.

K. Im Prinzip auf der sicheren Seite?

Sind wir bei so vielen gesetzlichen und freiwilligen Vorgaben auf der sicheren Seite? Im Prinzip, ja. Aber wir wissen auch, dass überall, wo Menschen Regeln erlassen und zusammen arbeiten, Fehler gemacht werden können. Und gegen vorsätzliches kriminelles Verhalten kann sich grundsätzlich niemand zu 100 % schützen.

Ich sehe es dennoch als zentrale Herausforderung für unser Unternehmen an, dass alle Mitarbeiter von DaimlerChrysler die Prinzipien und Grundsätze zur sozialen Verantwortung, für ethisch einwandfreies Handeln und fairen Umgang am Arbeitsplatz verstehen und verinnerlichen. Je besser unsere Mitarbeiter den Geist dieser Regeln akzeptieren und an ihrem Arbeitsplatz leben, desto besser werden wir künftig gegen Missbrauch gewappnet sein.

L. Regeln mit Leben erfüllen

Wir besitzen bei DaimlerChrysler auf jeden Fall ein sehr gutes Regelwerk, das keinen nationalen oder internationalen Vergleich scheuen muss. Wir sollten nicht danach zielen, dieses Regelwerk weiter zu verdichten. Noch schärfere oder umfassendere Regeln vergrößern allenfalls die Lücke zwischen Anspruch und Wirklichkeit, helfen aber nicht in der Praxis. Aktienrecht, Handelsgesetzbuch, Mitbestimmung, Betriebsverfassungsgesetz, Corporate Governance Kodex, der Sarbanes Oxley-Act sowie unsere internen Verhaltensrichtlinien bieten schon genügend Regulierungsdichte, um allen denkbaren Fällen gerecht zu werden. Jetzt kommt es darauf an, unsere Prinzipien top-down vom Vorstand über die Führungsebenen bis hinunter zum *shop floor* vorbildhaft mit Leben zu erfüllen.

Anmerkungen

* Zitat: Wilhelm Busch; „Die fromme Helene“ (1872)

Der Verhaltenskodex für Business Ethik und Compliance der Allianz

Von Karl Heinz Fischer

Überblick

- Dieser Beitrag erläutert den Gesamtkontext, in dem der Verhaltenskodex für Business Ethik und Compliance der Allianz zu sehen ist.
- Als wichtige Basis für die Verhaltensregeln werden die Compliance-Anforderungen skizziert, die ein Finanzdienstleister aufgrund gesetzlicher und aufsichtsrechtlicher Anforderungen zu erfüllen hat.
- Der Verhaltenskodex der Allianz berücksichtigt sowohl diese gesetzlichen und aufsichtsrechtlichen Anforderungen als auch internationale Standards zur Geschäftsethik. Seine inhaltlichen Kernelemente und seine Implementierung werden vorgestellt und bewertet.

Eingegangen: 12. Juni 2005

Dr. Karl Heinz Fischer, Vorstandsmitglied der Bayerischen Versicherungsbank AG und Leiter des Münchener Personal- und Verwaltungsverbundes der Allianz, Dieselstraße 8, 85774 Unterföhring. e-mail: karlheinz.fischer@allianz.de.

ZfB
ZEITSCHRIFT FÜR BETRIEBSWIRTSCHAFT

A. Einführung

Governance- Regelungen Unternehmensführung steht heute mehr denn je im Spannungsfeld von Gesetzen, Corporate, Selbstverpflichtungen und öffentlicher Meinung.

- **Gesetze** einzuhalten sollte selbstverständlich sein. Gilt das Aktiengesetz für alle Unternehmen mit entsprechender Rechtsform, so ergeben sich für Finanzdienstleister aus dem Wertpapierhandels- oder dem Kreditwesengesetz weitergehende Verpflichtungen. Diese werden im nachfolgenden Kapitel B näher erläutert.
- Eine verantwortungsvolle **Corporate Governance** ist für die Allianz eine unverzichtbare Voraussetzung, um für ihre Aktionäre und auch alle anderen Interessengruppen nachhaltig Werte zu schaffen. Die Allianz AG wird die über die gesetzlichen Vorschriften hinausgehenden Empfehlungen der Regierungskommission Deutscher Corporate Governance Kodex (in der Fassung vom 21. Mai 2003) vollständig umsetzen - einschließlich des Einzelausweises der Vorstandsgehälter - und auch die unverbindlichen Anregungen weitestgehend erfüllen. Auf die konkrete Umsetzung der Corporate Governance Regelungen bei der Allianz soll im vorliegenden Beitrag nicht näher eingegangen werden[1)].
- Die Bedeutung der **öffentlichen Meinung** wird einem Manager dann besonders bewusst, wenn er vor der Frage steht, wie er auf Gerüchte reagieren soll. Aber auch abgesehen von solchen Sondersituationen werden die Führungskräfte der Wirtschaft zunehmend nach normativen, politischen und ethischen Begründungen für ihr Tun gefragt. Ihre Antworten werden auch als Hinweise auf die Ehrlichkeit und Professionalität des Unternehmens interpretiert. Die Unternehmen müssen sich darauf einstellen, dass die Öffentlichkeit heute sehr sensibel reagiert und stark darauf achtet, wie sich Unternehmen verhalten.
- Vor dem aufgezeigten Hintergrund gehen Unternehmen **Selbstverpflichtungen** ein, die Handlungsanweisungen für die im Unternehmen tätigen Personen sind und auf einer von der Unternehmensleitung vorgegebenen Positionierung im gesellschaftlichen Wertesystem basieren. Die Umsetzung derartiger Geschäftsgrundsätze muss in der Unternehmenskultur verankert sein, damit die Regeln auch gelebt werden. Der im Kapitel C näher vorgestellte Verhaltenskodex für Business Ethik und Compliance der Allianz Gruppe bringt sowohl die Verpflichtungen aus den gesetzlichen Rahmenbedingungen als auch die internationalen Standards zur Geschäftsethik zum Ausdruck, die die Allianz als unerlässlich für ihre eigene Arbeit ansieht.

B. Compliance bei Finanzdienstleistern

Die im Aktiengesetz enthaltenen Regelungen des Gesellschaftsrechts werden im Wertpapierhandelsgesetz und im Wertpapiererwerbs- und Übernahmegesetz durch kapitalmarktbezogene Verhaltensbestimmungen ergänzt. Es handelt sich hierbei um an das Unternehmen, seine Organe, Mitarbeiter und Aktionäre gerichtete Transparenz- und Redlichkeitsvorschriften[2)].

Die Verpflichtungen aus diesen Gesetzen und die Ausführungsbestimmungen der Bundesanstalt für Finanzdienstleistungsaufsicht (BAFin) legen eine Reihe von Compliance-

Aufgaben fest. Werden auch die Anforderungen zur Verhinderung von Geldwäsche und von Korruptionsdelikten nach dem Kreditwesengesetz einbezogen, bekommt Compliance für Finanzdienstleister seinen vorgegebenen und fest umrissenen Inhalt. Zum Aufgabenkatalog der Compliance-Funktion eines Finanzdienstleisters gehören:

- Schutz vertraulicher Informationen, Informationsbarrieren und Ad hoc-Veröffentlichungen
- Verhinderung von Insiderverstößen und Marktmanipulation
- Interessenkonflikterkennung und Betreuung
- Betreuung der Berichterstattung zu Stimmrechtsanteilen und Investmentdiskretion und diesbezügliche Beschränkungen
- Verhaltensgrundsätze für Mitarbeiter, Verkaufs- und Beratungsstandards, Mitarbeiterschulung und Mitarbeiterlizensierung bzw. Registrierung
- Geldwäsche- und Terrorismusfinanzierungsprävention sowie Geldwäscheverdachtsanzeigen.

Während Finanzdienstleister traditionell diesen Compliance- und Geldwäschepräventionsregeln unterliegen, kamen für Industrieunternehmen zunächst nur die - in der Praxis deutlich schwächeren - Corporate Governance- und Ethik-Überlegungen zur Anwendung, in den USA z. B. aufgrund der Sentencing Guidelines, die ursprünglich einen Strafrabatt bei Business Ethik Schulungsprogrammen in Aussicht stellten.

Als ein besonderes Beispiel für die Bedeutung der Compliance-Anforderungen in einem Finanzdienstleistungsunternehmen sei die Behandlung von Interessenkonflikten erläutert:

Interessenkonflikte können neben der Gefahr von Gesetzesverstößen Zweifel an der Ehrlichkeit und der Professionalität des Unternehmens aufkommen lassen. Die öffentliche Meinung differenziert im konkreten Einzelfall häufig nicht, ob es sich um einen objektiven oder vermeintlichen Interessenkonflikt handelt. Für die Allianz Gruppe als integriertem Finanzdienstleister wird es daher zunehmend wichtiger, Interessenskonflikte rechtzeitig zu erkennen und adäquat einer Lösung zuzuführen. Interessenskonflikte ergeben sich nicht nur aus gruppeninternen Interessen (z. B. Eigenhandel und/oder Finanzierungsinteressen), sondern auch im Verhältnis zu Kundeninteressen. Die Integration von Versicherung, Asset Management und Bankgeschäft in einer Gruppe vergrößert darüber hinaus die Anlässe mit Konfliktpotential und erschwert es, eine Gesamtübersicht über derartige Anlässe zu haben.

Als Lösung wird das Unabhängigkeitsprinzip bei allen Geschäftseinheiten angewandt, indem diese im besten Interesse ihrer Kunden und ihrer eigenen Pflichterfüllung handeln, unabhängig von den Interessen anderer Geschäftseinheiten und mit allem gebotenem Vertraulichkeitsschutz; besonders wichtig ist dieser Grundsatz im Asset Management und Private Banking. Darüber hinaus ist eine Querschnittsfunktion Compliance für den Einsatz der üblichen Compliance-Instrumente wie z. B. der Interessenkonfliktliste eingerichtet worden. Gruppenweit müssen Situationen und Transaktionen, bei denen Konflikte auftauchen können, der vertraulichen Konfliktliste zugeführt werden, die nur von Compliance geführt und eingesehen wird. Falls Interessenkonflikte aufgrund anderer Gruppenaktivitäten oder Kundenbeziehungen aufkommen, steht die Compliance-Funktion jeder Abteilung beratend zur Seite.

Mit der Implementierung der Compliance-Regeln gewinnt Unternehmensethik für Finanzdienstleister handwerkliche Konturen, wie Preusche feststellt[3)]. Zentraler Anknüpfungspunkt ist in der Allianz ein unternehmenseigener Code of Conduct, der die Standards des Unternehmens als Werte- und Leistungsgemeinschaft definiert.

C. Der Verhaltenskodex für Business Ethik und Compliance der Allianz

Mai 2005 im Sinne des Redlichkeitsmanagements und in Richtung der Die Allianz hat im Jahr 2000 zum ersten Mal einen Code of Conduct implementiert. Dieser wurde im internationalen Standards zur Business-Ethik, wie z .B. dem Sorbanes-Oxley Act in den USA, deutlich ausgeweitet.

Dieser neue Verhaltenskodex für Business Ethik und Compliance verfolgt als wesentliche Ziele

- die Unternehmenswerte durch operativ ausgerichtete Verhaltensgrundsätze in die tägliche Arbeit einzubinden
- Mindeststandards für alle Allianz-Mitarbeiter festzulegen und eine verständliche Grundlage von ethischen Geschäftsgrundsätzen und Compliance-Regelungen zu bilden
- Nachhaltigkeit und gesellschaftliche Verantwortung gegenüber den Stakeholdern in das Geschäft zu integrieren.

Die Zielgruppen des Kodex sind die Vorstände, Führungskräfte und Mitarbeiter; er richtet sich nicht an Aufsichtsratsmitglieder, Finanz-Intermediäre und Zulieferer. Der Text ist mit den zuständigen Mitbestimmungsgremien (Konzernbetriebsratsausschuss, Europäischer Betriebsrat und Sprecherausschuss) abgestimmt.

Die inhaltlichen Kernelemente sind

- Einbeziehen der Initiativen für das UN Global Compact Programm und der Anerkennung der OECD Richtlinien für multinationale Unternehmen in die Präambel; darstellen der 10 Prinzipien des UN Global Compact im Anhang
- Regelungen zu den Themen Diversity, Nicht-Diskriminierung und zur Sicherung der Zukunftsfähigkeit des Unternehmens
- Betonen der Notwendigkeit einer ausreichenden Kundeninformation, eines aktiven Beschwerdemanagements und einer fairen Bearbeitung von Interessenkonflikten
- Verdeutlichen des Zusammenhangs zwischen Integrität, Leistungsfähigkeit und vorurteilsfreier Professionalität
- Über bloße Korruptions- bzw. Bestechungsvorschriften hinausgehende Regelungen zu Fragen der Annahme bzw. Gewährung von Geschenken und Vergünstigungen
- Regelungen zum Kartellrecht, zur Vermeidung von Steuerhinterziehung, zur Prävention bei Geldwäsche und Terrorismusfinanzierung
- Grundsätze zur vollständigen, redlichen, genauen, zeitnahen und verständlichen Finanzberichterstattung
- Einführen eines gruppenweiten Informationsprozesses bei Complianceverstößen (Whistleblowing)

Der Kodex richtet sich ausdrücklich persönlich an alle Mitarbeiter. Ethisch handeln kann nur das Individuum. Auch den Anforderungen des Sorbanes Oxley Acts (SOX) entsprechend enthalten die Arbeitsverträge der leitenden und nicht-leitenden Mitarbeiter einen rechtswirksamen Verweis auf den Verhaltenskodex. Jedem Mitarbeiter muss klar sein, dass Verletzungen und Missachtungen der Kodices kein „Kavaliersdelikt" sind und geahndet werden.

Darüber hinaus wird es ausdrücklich zur Führungsaufgabe erklärt, die Einhaltung der Grundsätze sicherzustellen. Um die Umsetzung zu fördern, macht die Allianz die einzuhaltenden Verhaltensgrundsätze jedem bekannt, sie sind verständlich, greifbar und werden trainiert (Information im Intranet, Compliance Trainingsbausteine, E-Learning-Programm mit Fallstudien, Einbau in Personalentwicklungsmaßnahmen und Spezialseminare). Die Einhaltung der Grundsätze wird auch konkret nachgefragt (z. B. über SOX) und kulturell eingefordert (z. B. durch Verankerung der Aspekte in den persönlichen Zielen der Mitarbeiter).

Der Schwerpunkt der Verhaltensgrundsätze ist die Prävention und nicht die Sanktion von Regelverstößen. Das mag ein wesentlicher Grund dafür sein, dass die Implementierung des Code of Conduct im Jahr 2000 keinen nachweisbaren Einfluss auf die Zahl der Beschwerdefälle bzw. des deliktischen Verhaltens von Mitarbeitern hatte. Die Ermutigung der Mitarbeiter zum Whistleblowing ist eingeführt worden, um eine verstärkende Wirkung zu erreichen. Anonyme Anzeigen gefallen niemandem; diese Regeln sind auch nur für den absoluten Notfall gemacht. Aber die Option, Verletzungen der Compliance Regelungen anonym vorzubringen, macht diese Regeln besonders wirksam. In den USA wird großer Wert auf eine solche Möglichkeit gelegt, um Informationsgeber zu schützen. Um Missbrauch zu verhindern, bedarf es einer Compliance-Funktion, die in der Lage ist, in Konfliktfällen die Spreu vom Weizen zu trennen. Die Erfahrung zeigt, dass auf diese Art gemeldete Unredlichkeiten im Unternehmen in der Regel bereits bekannt waren; sie sind aber vorher nicht angemessen aufgegriffen worden.

D. Zusammenfassung und Bewertung

Mitarbeiter und der Öffentlichkeit in ihre Leistungen und Integrität. Dieses Die Allianz lebt wie jeder Finanzdienstleister vom Vertrauen ihrer Kunden, Aktionäre, Vertrauen hängt wesentlich davon ab, wie sich Mitarbeiter, Führungskräfte und Geschäftsführung verhalten und wie sie ihre Fähigkeiten zum Nutzen der Kunden, Aktionäre und der Allianz einsetzen.

Der Verhaltenskodex für Business Ethik und Compliance setzt diese Prinzipien in umsetzungs-bezogene und verständliche Verhaltensgrundsätze für alle um. Ziel ist es, Situationen vorzubeugen, die die Integrität unseres Verhaltens in Frage stellen können. In diesem Sinne versteht die Allianz den Verhaltenskodex als eine notwendige, handlungsbezogene bottom up-Ergänzung zu den top down-Regelungen der Corporate Governance.

Dinge, wie sie bei Worldcom und Enron passiert sind, geschehen „inoffiziell". Weder Gesetze noch Corporate Governance-Regelungen oder Selbstverpflichtungen können derartige Skandale mit einer absoluten Sicherheit verhindern. Reichten aber früher allgemeine Anforderungen und Business Ethik Schulungsprogramme, um die Unternehmensführungen vom Vorwurf des Organisationsverschuldens abzuschirmen, so wird heute zunehmend die Frage gestellt, was ein Unternehmen in der Praxis tatsächlich zur Verhinderung von Missständen getan hat.

Der Verhaltenskodex für Business Ethik und Compliance, seine umsetzungsbezogene Implementierung und eine eigenständige Compliance-Funktion sind für die Allianz wesentliche Voraussetzungen, um für ihre Aktionäre und auch alle anderen Interessengruppen nachhaltig Werte zu schaffen und zu schützen.

Anmerkungen

1 vgl. hierzu auch Schumacher (2005).
2 zu einer vertiefenden Diskussion dieses Punktes sei auf Preusche (2003) verwiesen.
3 siehe Preusche (2004)

Literatur

Preusche, R.: Die Überlagerung des Aktienrechts durch kapitalmarktbezogene Redlichkeits- und Transparenznormen – Die Compliance-Regeln im Wertpapiergesetz, S. 2693–2704, in: Thomas Heisel (Hrsg.), Aktienrecht Anwaltkommentar, Deutscher Anwaltverlag, Bonn 2003

Preusche, R.: Interessenkonfliktmanagement durch Compliance, S. 173–189, in: Andreas Wagner/ Christian Seidel (Hg.), Ethik in der Bankenpraxis, Bankakademie Verlag, Frankfurt 2004

Schumacher, U.: Selbstverpflichtung und Kontrolle im Allianz Konzern, 3. Poensgen Executive Forum, 26.04.2005

Zusammenfassung

Die Allianz lebt vom Vertrauen ihrer Kunden, Aktionäre, Mitarbeiter und der Öffentlichkeit in ihre Leistung und Integrität. Dieses Vertrauen hängt wesentlich davon ab, wie sich Mitarbeiter, Führungskräfte und Geschäftsführung verhalten und wie sie ihre Fähigkeiten zum Nutzen der Kunden, Aktionäre und der Allianz einsetzen. Die neuen Verhaltensgrundsätze der Allianz binden die Unternehmenswerte durch operativ ausgerichtete Verhaltensgrundsätze in die tägliche Arbeit ein. Sie legen Mindeststandards für alle Mitarbeiter fest und bilden eine verständliche Grundlage von ethischen Geschäftsgrundsätzen und Compliance-Regelungen. Außerdem integrieren sie Nachhaltigkeit und gesellschaftliche Verantwortung gegenüber den Stakeholdern in das Geschäft. Das Ziel ist, Situationen vorzubeugen, die die Integrität des Verhaltens der Allianz in Frage stellen können.

Summary

Allianz Group is based upon the trust which its clients, shareholders, employees and public opinion have in its performance and integrity. Such trust depends essentially on the personal conduct and capability of employees, managers and executive board members and their desire to jointly create value for the customers, shareholders as well as for Allianz Group.

The new Code of Conduct integrates values with an operational, rule driven approach. It stipulates minimum standards for Allianz Group and provides one comprehensive source of business ethics and compliance principles. Specific reference to sustainability and corporate social responsibility issues reflect new Code of Conduct stakeholders (public opinion, rating agencies, NGOs). The main objective is to prevent situations which might question the integrity of Allianz Group.

JEL: M14

Ethik-Kodex für deutsche Unternehmen – wer braucht ihn?

Von Roland H. Backes und Wilfried Backes

Eingegangen: 1. Juni 2005

Roland H. Backes, B.A. Economics Student an der Graduate School of Business der Columbia University in New York, NY.
Dr. Wilfried Backes, Mitglied des Vorstands der EPCOS AG, München; PF 801709, 81617 München.

ZfB
ZEITSCHRIFT FÜR BETRIEBSWIRTSCHAFT

A. Einleitung

Der Sarbanes-Oxley Act of 2002 verlangt von Unternehmen, die bei der US-amerikanischen Securities Exchange Commission (SEC) registriert sind, und damit auch von an US-amerikanischen Börsen gehandelten ausländischen Firmen die Darlegung, ob ein „code of ethics for senior financial officers" eingeführt ist. Dieser wird inhaltlich als "standards .. to .. reasonably promote .. (1) honest and ethical conduct .. (2) full, fair, accurate, timely, and understandable disclosure ..(3) compliance with applicable governmental rules and regulations" beschrieben. Im Zusammenspiel mit der Neuorientierung der Corporate Governance in Deutschland stellt sich damit die Frage, ob nicht auch im deutschen Corporate Governance Kodex die Forderung nach einem möglicherweise auch weiter gefassten Ethik-Kodex verankert werden sollte.

B. Historische Entwicklung

Ethik-Kodizes sind nicht Neues. Es gibt z.B. den Ethik-Kodex für die Israelische Armee, den Ethik-Kodex der Shiatsu-Gesellschaft Schweiz (SGS) und den Ethik-Kodex des Berufsverbandes der Tanztherapeutinnen Deutschlands e.V. ebenso wie die Ethik-Kodizes zahlreicher großer Unternehmen. Nach Schätzung des Conference Board verfügen mittlerweile mehr als 95 Prozent der Fortune 500 Unternehmen über ein kodifiziertes Ethik-Programm.

Die Forderung nach ethischem Verhalten hat eine lange Tradition. Sie geht im Wesentlichen auf Melanchton und Grotius zurück, in deren Schriften sich mit der Naturrechtslehre die Ethik von den bis dahin von der Religion vorgegebenen Verhaltensnormen löste. In seiner Schrift „Mare Liberum"[1] entwickelte Grotius die Vorstellung, dass es ein natürliches, nicht gottgegebenes Recht gibt, das der rationalen Analyse zugänglich ist. Darauf aufbauend entwickelte dann Kant seine Maximenethik des kategorischen Imperativs. Seither zieht sich die Vorstellung, als Individuum in seinem Handeln den legitimen Interessen aller von der Handlung Betroffenen gerecht werden zu müssen, durch die Diskussion und begründet so einen Ethik-Begriff, der weitgehend akzeptiert ist. In jüngster Zeit wird der Anspruch ethischen Verhaltens zunehmend nicht nur an das Individuum, sondern auch an Unternehmen herangetragen. Dieser Anspruch findet in zahlreichen gesetzlichen Kodifizierungen seinen Niederschlag, er wird den Unternehmen aber auch als Aufforderung zur Selbstkodifizierung in Ethik-Kodizes präsentiert.

In den USA konnte man diese Entwicklung seit den 60er Jahren beobachten. Ethisch hinterlegte Gesetzesnormen wurden mit dem Civil Rights Act of 1964, der die Antidiskriminierungs-Gesetzgebung einführte, über den Occupational Safety and Health Act von 1970, der die Sicherheit am Arbeitsplatz regelte, und den Environmental Protection Act von 1970, der den Unternehmen die Übernahme der Kosten für Umweltbelastungen auferlegte, und schließlich mit dem Foreign Corrupt Practices Act von 1977 eingeführt.

Der Foreign Corrupt Practices Act wurde nach einer Reihe von Bestechungsskandalen verabschiedet. Ihm kommt insofern historische Bedeutung zu, als er erstmals das Verhalten amerikanischer Unternehmen im Ausland regelt. Nachdem bereits einige Unternehmen, so z.B. IBM und Motorola, freiwillig in unternehmensinternen Vorschriften Bestechungszahlungen verboten hatten, wurde dies nun für alle Unternehmen zur verbindlichen Gesetzesnorm. Kritiker des Gesetzes monierten einen vermuteten Wettbewerbsnachteil, den US-Firmen dadurch hätten. Vermeintlich konnten Unternehmen aus anderen Ländern weiterhin mit Bestechungsgeldern arbeiten. Inzwischen haben die OECD-Länder aber ähnliche Regeln in ihre Gesetzeswerke übernommen.

1984 führte die Katastrophe von Bhopal, in der Tausende nach einem Unfall in einem Werk von Union Carbide starben, zu einer freiwilligen Vereinbarung innerhalb der chemischen Industrie Amerikas unter dem Namen „Responsible Care", einem Kodex für ethisches Verhalten, der später zur Vorlage ähnlicher freiwilliger Verpflichtungserklärungen in anderen Branchen wurde. Unregelmäßigkeiten in der Verteidigungs-Industrie führten 1986 zur „Defense Industry Initiative (DII) on Business Ethics and Conduct", der über 50 Firmen beitraten. Sie verpflichteten sich damit, einen geschriebenen Ethik-Kodex zu haben und ihn auch mit geeigneten Maßnahmen, wie z.B. Training und Kontrollen, durchzusetzen.

Die „U.S. Federal Sentencing Guidelines for Corporations" setzten im Jahre 1991 den letzten großen Meilenstein vor dem Sarbanes-Oxley Act. Das Gesetz legte Mindeststrafen für bestimmte Gesetzesverstöße von Unternehmen fest. Gleichzeitig gab es aber dem Unternehmen die Möglichkeit darzulegen, dass es angemessene Vorsorgen getroffen hatte, ungesetzliches oder unethisches Handeln seiner Mitarbeiter zu verhindern und aufzudecken. In solchen Fällen wurden die Strafen drastisch reduziert. Aus der Erkenntnis, dass die Einhaltung rechtlicher Standards ohne ein umfassendes Wertemanagement nicht realisierbar war[2], sollten die Unternehmen nunmehr nicht nur einen Ethik-Kodex haben, sondern seine Anwendung auch durch ein Trainingsprogramm, ein Überwachungs- und Berichtssystem und ein System definierter Sanktionen nachweisen. Mit diesem Gesetz waren den Unternehmen also starke Anreize gegeben, sich einen Ethik-Kodex zu geben und die weitaus überwiegende Zahl von größeren Firmen ist diesem gefolgt.

Die Forderung des Sarbanes-Oxley Act of 2002 nach einem speziellen Kodex für leitende Mitarbeiter im Finanzbereich ist nur die logische Fortsetzung dieser Entwicklung. Ausgelöst von den Skandalen um Enron, WorldCom, Arthur Anderson und andere prominente Unternehmen legt das Gesetz u. a. den Unternehmen nahe, dass diese in einem geschriebenen Kodex ihre leitenden Mitarbeiter im Finanzbereich verpflichten, für die Richtigkeit und Aussagefähigkeit der Darstellung der Finanzzahlen zu sorgen. Die wesentliche Neuerung dieser Entwicklung in jüngster Zeit liegt darin, dass nicht mehr ausschließlich der Gesetzgeber selbst die Verhaltensnormen definiert, sondern dass er diese Aufgabe zunehmend den betroffenen Unternehmen zuweist.

In Deutschland lagen die Verhältnisse grundsätzlich anders. Es gab spätestens seit Beginn des 20. Jahrhunderts eine gesicherte Substanz kodifizierten Rechts insbesondere im Bereich des Handels-, Steuer- und Bilanzrechts, das laufend den wirtschaftlichen Realitäten angepasst wurde. Damit waren schon, anders als im „case law"-basierten Rechtssystem der USA, zahlreiche Tatbestände durch kodifiziertes Recht erfasst, die dort erst wie beschrieben im Zeitlauf geregelt werden mussten. In Deutschland sind hier insbesondere auch spezialgesetzliche Regelungen zu nennen, wie z. B. die Gesetze zur Arbeitssicherheit, zum Umwelt- und Emissionsschutz, zur Produktsicherheit, zum Datenschutz, zum Außenwirtschaftsrecht und zum Wettbewerbs- und Kartellrecht, sowie in jüngerer

Vergangenheit das Antikorruptionsgesetz v. 13.8.1997, das Gesetz zur Kontrolle und Transparenz im Unternehmensbereich v. 27.4.1998, das Transparenz- und Publizitätsgesetz v. 26.2.2002 und nicht zuletzt auch die Neufassung der Vergabeordnung v. 11.2.2003. Historisch besehen ist in Deutschland aber eine mit den USA vergleichbare Aktivität zur Förderung von freiwilligen Verpflichtungserklärungen und insbesondere unternehmensindividuellen Kodizes nicht festzustellen.

C. Die Situation heute

Die Verankerung ethischen Verhaltens hat in der US-amerikanischen Unternehmenskultur heute eine breite Basis gefunden. In vielen Unternehmen gibt es einen „Corporate Ethics Officer" und seit 1992 gibt es die „Corporate Ethics Officer Association". Die interne Kontrolle der eigenen Prinzipien und Standards wird regelmäßig eng überwacht, und manche Unternehmen sind sogar dazu übergegangen, die Kontrollfunktion externen Prüfern zu übertragen. „Triple Bottom Line Reporting" von Unternehmen wird mehr und mehr zur Norm, d.h. Sozial- und Umweltberichte treten gleichberechtigt neben die Finanzberichterstattung. Auch Nachhaltigkeitsberichte werden von manchen Unternehmen vorgelegt.

Neben dem eigentlichen geschriebenen Kodex sind ein Ausbildungs- und Verbreitungskonzept, sowie ein umfassendes Überwachungs- und Kontrollwesen wesentliche Komponenten eines Ethik-Systems. Der geschriebene Kodex stellt ein Unternehmensleitbild dar, das in der Regel allgemein-ethische Elemente enthält, in denen sich die gesellschaftliche Verantwortung des Unternehmens widerspiegelt. Dazu gehört z.B. das Bekenntnis zu ökologischem Engagement, zu Ressourcenschonung, Nachhaltigkeit, Fair Trade, etc. Eine wesentliche Komponente ist bei allen die Aufforderung zu gesetzeskonformen Verhalten. Schließlich finden sich hierauf aufbauende spezielle Verhaltensnormen und Handlungsvorgaben in den Kodizes.

Die Bekanntmachung und Verbreitung des Kodex im Unternehmen sind wichtiges Bestandteil des Systems. Hierunter sind nicht nur die reine Bekanntgabe, sondern auch das Training von Mitarbeitern und die Überprüfung der Akzeptanz und der Kenntnis des Inhalts bei den Mitarbeitern auch und insbesondere im Hinblick auf die arbeits- und strafrechtlichen Konsequenzen eines Fehlverhaltens zu verstehen.

Zum Überwachungs- und Kontrollsystem in diesem Rahmen gehört regelmäßig die Aufforderung an alle Mitarbeiter, bei Anderen beobachtetes Fehlverhalten den Organen des Unternehmens zur Kenntnis zu bringen. Diese „Wistleblower"-Aufforderung kann jedoch, so wird befürchtet, zu Denunziantentum führen und damit zu äußerst negativen Folgen für das Unternehmen[3].

D. Wert und Unwert von Ethik-Kodizes

Inhaltlich stellt ein Ethik-Kodex eine Summe von Verhaltensnormen dar, die das Unternehmen seinen Mitarbeitern abverlangt. Im Zentrum steht dabei die Gesetzeskonformität, die nach Jellinek[4] das ethische Minimum darstellt. Es stellt sich die Frage, was darüber hinaus in einem solchen Kodex geregelt werden soll, kann und darf. Es ist zwar unstreitig, dass Unternehmen grundsätzlich zu ethischem Verhalten verpflichtet sind. Vorstand und Aufsichtsrat einer Aktiengesellschaft nach deutschem Recht sind aber in erster Linie im Rahmen der Gesetze dem Wohl der Gesellschaft und ihrer Aktionäre verpflichtet[5]. Sie sind in der Umsetzung ihrer eigenen ethischen Vorstellungen zumindest in den Fällen begrenzt, in denen die positiven Auswirkungen einer ethisch hoch stehenden Maßnahme für das Unternehmen nicht oder nur unzureichend herzuleiten sind. Aufforderungen an Unternehmen, Ethik-Regeln einzuführen, die deutlich über die Einhaltung der Gesetze hinausgehen, erfordern allein deshalb schon außerordentlich großes Augenmaß.

Die Schwierigkeiten, die sich der Formulierung eines „perfekten" Ethik-Kodex entgegenstellen, dürfen nicht verkannt werden. In der modernen pluralistischen Gesellschaft gibt es naturgemäß divergente Wertevorstellungen, deren Verdichtung zu einem allgemeingültigen Kodex in jedem Fall problematisch ist. Grundsätzlich fällt dem Gesetzgeber diese höchst schwierige Aufgabe zu; vor allen anderen hat er die Autorität und die Kompetenz, solche allgemeinverbindlichen Normen zu schaffen. So gesehen entledigt sich der Gesetzgeber einer schwierigen Aufgabe, wenn er – partiell – Normensetzungen den Unternehmen überäßt. Mithin verspricht diese Vorgehensweise kurzfristig erzielbaren politischen Erfolg ohne viel Aufwand investieren zu müssen. Ob diese Methode der Normsetzung langfristig der Sache des Gemeinwohls dient, bleibt abzuwarten.

Der Vorteil eines Ethik-Systems für das Unternehmen liegt auf der Hand: Jeder Mitarbeiter kann im idealen Fall aus dem geschriebenen Kodex ablesen, welches Verhalten von ihm in einer konkreten Situation erwartet wird und wie Verstöße dagegen geahndet werden. Die bloße Existenz des Kodex ist schon geeignet, die Einhaltung ethischer Verhaltensnormen zu verbessern, indem die Bewusstseinslage des Mitarbeiters verändert wird. Es wird ihm deutlich gemacht, dass die ethische Dimension einer Maßnahme in die Beurteilung derselben einfließt. Gleichzeitig ist ihm aber auch bekannt und bewusst, dass alle Kollegen, Mitarbeiter etc. aufgefordert sind, Verstöße zu melden. Damit erhöht sich die Wahrscheinlichkeit der Aufdeckung von Fehlverhalten.

Für ein demonstrativ ethisches Verhalten und damit für die Einführung und Durchsetzung von Ethik-System und -Kodex spricht die steigende Akzeptanz der Vorstellung einer breit ausgestalteten gesellschaftlichen Verantwortung von Unternehmen, allgemein unter dem Schlagwort „Corporate Citizenship" diskutiert. Hiernach ist ein Unternehmen nicht nur seinen Aktionären oder anderen Eigentümern sondern allen „stakeholders" verpflichtet, bis hin zu der Forderung, dass Unternehmen in Drittweltländern eine Ordnungsverantwortung übernehmen, indem sie unmittelbar zum Gemeinwohl beitragen[6]. General Electric hat 2005 erstmals einen umfangreichen „Citizenship Report" vorgelegt, der solchen Vorstellungen und Bestrebungen Rechnung trägt. Ethik wird damit zu einem Gütesiegel des Unternehmens gegenüber Mitarbeitern, Wettbewerbern, Kunden, Investoren etc. und damit zu einem Wettbewerbsvorteil[7]. „Ethics sells" heißt das Schlagwort und so reift in den Unternehmen die Erkenntnis, dass die offensive Vermeidung von Negativnachrichten dem eigenen Erfolg dienlich ist.

Allerdings muss hier deutlich gesehen werden, dass der eigentliche Nutzen eines gelebten Ethik-Kodex in US-amerikanischen Unternehmen nicht nur in der Absicherung gesetzestreuen Verhaltens der Mitarbeiter liegt. Er bietet auch eine zuverlässige Exkulpationsplattform für den Fall, dass es zu Verstößen gegen Sozialnormen oder auch Gesetze gekommen ist. Diese Exkulpation ist nicht nur hinsichtlich potentieller Schadensersatzansprüche, sondern auch in strafrechtlicher Hinsicht möglich. Das ist natürlich eine wichtige Komponente in einer Zeit, in der durch zahlreiche gesetzgeberische Aktivitäten die Handlungsfreiheit des Managers zunehmend auch durch strafrechtliche Normen eingeengt wird. Ein aktives kodifiziertes Ethik-System wird insofern auch zu einem Schutzmechanismus für das Unternehmen. Es erhält die Möglichkeit, sich gegen die Konsequenzen des Fehlverhaltens von Mitarbeitern zu schützen, sofern ein „schuldiger“ Mitarbeiter identifiziert wird und Konsequenzen gegen ihn gezogen werden. Die Frage des Verschuldens kann dabei In letzter Konsequenz sogar ungeklärt bleiben. Somit erhält der Ethik-Kodex in dieser Funktion sogar eine eindeutig unethische Wirkung.

Ein weiteres Problem stellt die starke Exportorientierung der deutschen Wirtschaft dar. In einer globalisierten Welt werden nationalökonomische Regulierungsmechanismen außer kraft gesetzt und es wird die Sorge laut, dass ein globaler Neoliberalismus in konsequent rücksichtsloser Ausprägung um sich greift. Das wiederum begründet weitere Forderungen nach der Übernahme ethischer Verantwortung der Wirtschaft, die aber nur vor dem Hintergrund der abendländischen Wertesysteme verständlich sind.

In unterschiedlichen Kulturkreisen sind jedoch die ethischen Normen verschieden und die Gemeinsamkeiten reduzieren sich auf sehr grundsätzliche Vorstellungen, die etwa der Vorstellung eines „natürlichen“ Rechts im Sinne von Grotius ähneln mögen. Wie eng der Rahmen hier ist, mag das Beispiel von WalMart zeigen. WalMart löste in Deutschland einen Entrüstungssturm aus, als es versuchte, seinen in den USA erdachten und dort wohlakzeptierten Ethik-Kodex in seinen deutschen Betrieben einzuführen. Gegen die Anwendung dieses Kodex erhob die Gewerkschaft Ver.di Klage. Der Vollzug des Kodex wurde zunächst unter Berufung auf das Mitbestimmungsrecht durch einstweilige Verfügung des Wuppertaler Arbeitsgerichts gestoppt.

Dieses Beispiel verdeutlicht, dass selbst zwischen Ländern, die sich kulturell und ethisch so nahe stehen wie Deutschland und die USA, die Universalität von ethischen Normen begrenzt ist. Diese Begrenzung ist zwischen Ländern unterschiedlicher religiös-kultureller Ausrichtung mangels kulturübergreifender ethischer Normen noch weitreichender. Zusätzlich sind in den Ländern der dritten Welt oft auch die Spielregeln unklar; es fehlt der gesetzliche Rahmen, der für alle dort tätigen Unternehmen verbindliche Norm wäre. In den Ländern des Fernen Ostens zum Beispiel entspricht dieser Zustand der Lehre des Buddhismus, dass nichts grundsätzlich „gut“ oder „böse“ sei. Vielmehr sei jedes Handeln aus den jeweils herrschenden Umständen und Bedingungen zu beurteilen und deshalb sei es auch nicht möglich, allgemeinverbindliche Handlungsmaximen in Form von Gesetzen zu definieren.

Die einfache Anwendung ethischer Normen des Herkunftslandes eines Unternehmens auf seine weltweiten Aktivitäten kann so zu einem Werteimperialismus führen, der wiederum in sich unethisch wäre. Vielleicht ist es diese Problematik, die den amerikanischen Gesetzgeber veranlasst hat, die Definition der anzuwendenden ethischen Normen den Unternehmen zu überlassen, die damit aber ebenso wie er selbst überfordert sein könnten.

Schließlich stellt sich in diesem Zusammenhang auch die Frage, ob die Existenz von Ethik-Kodizes die immer wieder zitierten Skandalfälle um Enron und WorldCom in den USA und um EM.TV in Deutschland hätten verhindern können. Hierüber kann man nur spekulieren. Man kann aber wohl davon ausgehen, dass, sofern kriminelle Energie die

Bereitschaft erzeugt, gegen geltende Gesetze zu verstoßen, auch ein Ethik-Kodex wohl kaum eine Sicherung gegen Fehlverhalten darstellen wird. Der Appell zur Gesetzestreue, den der Kodex im Unternehmen verankert, erreicht den Kriminellen nicht. Die erhöhte Wachsamkeit im Umfeld, die der Kodex erzeugen soll, mag ein Fehlverhalten erschweren und in seiner Durchführung mehr Raffinesse erfordern. Letztlich verhindern wird sie eine planvolle kriminelle Tat aber kaum.

E. Schlussbemerkung

Die Unternehmen scheinen mit der Aufgabe der Formulierung eines allgemeingültigen Kodex überfordert, soweit dieser über die Absicherung der Gesetzeskonformität des Handelns im Unternehmen hinaus etwas leisten soll, also insbesondere Verhaltensmaßstäbe setzen soll, die über bestehendes Recht hinausgehen und grenzüberschreitend anwendbar sein sollen. Ihnen allein die Formulierung des Kodex zu überlassen, birgt zudem die Gefahr in sich, dass sie Normen festlegen, die sich dem Primat des Nutzens für das Unternehmen unterordnen. Schon deshalb müssten sich die möglichen Inhalte eines Ethik-Kodex darauf beschränken, Gesetzeskonformität als Maßstab allen – auch unternehmerischen – Handelns zu unterstreichen und jeden Mitarbeiter mit allem Nachdruck zur Einhaltung der Gesetze aufzurufen.

Ein derartiger Kodex wäre ein Instrument, das dem Unternehmen gleichermaßen wie dem Gemeinwohl dient. Bedenken gegen eine solche Art von Kodex erscheinen nicht angebracht.

Dabei bleibt aber offen, ob ein derartiger Kodex vom Gesetzgeber quasi verpflichtend und zusätzlich zu den bestehenden Gesetzen vorgeschriebenen werden sollte. Dieses erscheint insbesondere vor dem Hintergrund der deutschen Rechtssystematik nicht zwingend. Gesetzeskonformes unternehmerisches Verhalten kann auf vielen Wegen erreicht werden und es gibt keinen zwingenden Grund, den Unternehmen die Wahl der Mittel nicht freizustellen. Hier sollte der Gesetzgeber Zurückhaltung zeigen und nicht ohne Not durch weitere Regulierungen die Spielräume unternehmerischen Handelns einengen.

Montesquieu sagt dieses sehr deutlich: „Wenn es nicht notwendig ist, ein Gesetz zu machen, dann ist es notwendig, kein Gesetz zu machen."

Anmerkungen

1 Hugo Grotius, Mare Liberum, Amsterdam 1633, englische Übersetzung von Ralph van Deman Magoffin, The Freedom of the Seas, New York 1916
2 J. Wieland, Formen der Institutionalisierung von Moral in der Unternehmung. Die amerikanische Business-Ethics-Bewegung: Why And How They Do It. Bern/Stuttgart 1993
3 Die Frage einer ethischen Wertung der Aufforderung an alle mittelbar und unmittelbar Beteiligten, sich als „Whistleblower" zu verhalten, wird hier bewusst ausgeklammert.
4 Georg Jellinek, Allgemeine Staatslehre, Berlin 1900
5 Münchener Kommentar Aktiengesetz zu §76 Rn. 60.
6 Wirtschaftsethik: Kapital und Moral, Arbeitgeber 06/2005, S. 17ff
7 vgl. hierzu Noreena Hertz, Ethisches Business, in: Handelsblatt v. 26.4.2005, S. 9.

Sarbanes-Oxley Act, Section 406, auch für deutsche (Aktien)gesellschaften?

Von Georg Schoeller

Eingegangen: 16. Juni 2005

Georg Schoeller, ehem. Landesvorstand der Johanniter – Unfall – Hilfe e.V., Landesverband Berlin/Brandenburg, Unterberg 15, D-14532 Kleinmachnow

ZfB
ZEITSCHRIFT FÜR BETRIEBSWIRTSCHAFT

Folgerungen aus der Verletzung von Comments, Regeln oder Gesetzen haben bisher Wiederholungen in der einen oder anderen Form nicht verhindert. Es bleibt abzuwarten, ob es durch den SOX (oder SOA) bei SEC-registrierten Gesellschaften anders werden könnte. Der Kreis der in den Gesellschaften davon betroffenen CEO und CFO ist eng gezogen.

In Deutschland wird nach meiner Einschätzung nicht nur der Deutsche Corporate Governance Kodex von 2003 viel zur Vertrauensbildung auf Seiten der Anteilseigner und der Öffentlichkeit beitragen (auch KonTraG und TransPuG). Die Ratings innerhalb der Branchen durch die verschiedenen Rating-Agenturen sind auch aussagekräftig.

Die Frage nach einer Übernahme der Section 406 „Code of Ethics" des SOX in das deutsche Aktiengesetz in der vorliegenden oder einer erweiterten Form ist spannend. Zum Beispiel die Codes of Ethics der Allianz (2003) und von DaimlerChrysler (2003) entsprechen genau den auf die Anteilseigner ausgerichteten SOX/406-Vorschriften. Die Geschäftsgrundsätze für Mitarbeiter der SAP AG (2003) sind dagegen sehr viel präziser und umfangreicher gehalten und richten sich an alle Mitarbeiter des Unternehmens.

Die erste Frage, die sich stellt, bezieht sich auf alle Kapitalgesellschaften, auf Personengesellschaften und auch auf gemeinnützige Unternehmen ab der im SOX vorgegebenen Größenordnung. Aus welchen Gründen stehen nur Aktiengesellschaften in der Diskussion? Die im SOX/406 angesprochenen Risiken bestehen schon immer und überall. Warum haben diese erst jetzt zu einer Regelung bei Kapitalgesellschaften geführt? Wenn es um einen Code of Ethics in Unternehmen geht, warum werden im SOX/406 nur „Führungskräfte der ersten Ebene" einbezogen? Ist dieser Kreis hierbei besonders hilfsbedürftig oder anfällig? Mein Verständnis von einer qualifizierten Unternehmensleitung und meine Erfahrungen damit sind genau gegenteilig.

Ich habe mein aktives Berufsleben als Geschäftsführer in einem führenden deutschen Dienstleistungsunternehmen verbracht und bin dann ausschließlich als ehrenamtlicher Landesvorstand in einer weltweit aktiven großen christlichen und gemeinnützigen Hilfsorganisation tätig gewesen. Diese Organisation hat in Deutschland gegenwärtig jährliche Einnahmen in der Größenordnung von einer halben Milliarde Euro. Die vielfältigen Dienstleistungen werden direkt am „Kranken und Schwachen" erbracht und finanzieren sich über Kostenträger der öffentlichen Hand, über die Krankenkassen sowie durch Fördermitgliederbeiträge/Spenden und auch durch direkte Rechnungsstellung. Die Organisation steht nicht zuletzt ihrer Gemeinnützigkeit wegen unter sehr starker Beobachtung durch die zuständigen Behörden. Die sich hieraus ergebenden betriebswirtschaftlichen Anforderungen an die Verwaltung werden in zeitgemäßer Qualität rationell erledigt. Die Organisation verfügt über etwa 8.000 hauptamtliche Mitarbeiter und über fast doppelt so viele ehrenamtliche Helfer. Alle haben eine für ihre jeweilige Aufgabe erforderliche Qualifikation.

Diese Organisation richtet sich für den Bereich eines „Code of Ethics" nach der Satzung ihres Trägers, die sich auf die Seligpreisungen der Bergpredigt (Matthäus 5, 3-10) und auf die Zehn Gebote bezieht. Dieser einfache und leicht verständliche „traditionelle Code" wird von jedem Angehörigen der Organisation als Grundkonsens verstanden, gleich, ob es sich um Angehörige einer christlichen Kirche handelt oder um Mitarbeiter bzw. Helfer, die weder einer christlichen Konfession, noch einer anderen Religionsgemeinschaft angehören. Der Träger der Hilfsorganisation baut auf über 900 Jahren ungebrochener Tradition auf.

Daraus ergibt sich die Frage, ob nicht eher eine entsprechende frühzeitige Erziehung einfacher, wirksamer und auch weniger aufwendig wäre als eine Aufstellung von Regeln und Sanktionen im Anschluß an gemachte Erfahrungen. Dort, wo in der Auswahl, Begleitung und Überwachung von Unternehmensleitungen oder auch Mitarbeitern Fehler gemacht worden sind oder Charakterfehler nicht rechtzeitig erkannt worden sind, muß man mit Zwischenfällen in jeder Größenordnung auch weiterhin rechnen. Es ist interessant, dass die „SOX/406-Diskussion" in einen Zeitraum fällt, in dem auch die „Wertediskussion" die Gesellschaft bewegt.

Bei SOX/406 fällt auf, dass der Code of Ethics eher nach außen gerichtet ist, was in Hinblick auf die bekannten Vorfälle verständlich erscheint. Nach meiner Auffassung kann es aber nur eine „Ethik" geben, die alles umfasst, auch ein Unternehmen in seiner Gesamtheit. Das bezieht sich auf das nach innen gerichtete Verhalten der Führung gegenüber den Mitarbeitern und der Mitarbeiter untereinander sowie das nach außen gerichtete Verhalten gegenüber Anteilseignern, Geschäftspartnern und der Öffentlichkeit. Ob die „Ethik" eines Tages so weit in den Vordergrund gestellt wird, dass daraus ein einklagbares Recht entsteht, wird sich zeigen. Zu wünschen wäre es nach meiner Überzeugung nicht.

Ich verstehe, dass auf SOX/406 von den betroffenen Unternehmen aus formalen Gründen nicht verzichtet werden kann. Sonst aber habe ich die Vermutung, dass SOX/406 sich über eine künftig denkbare „Ethikbilanz" in die Gruppe der Umweltbilanzen und Sozialbilanzen vergangener Jahre einreihen und auch deren Schicksal teilen wird. Aus eigener Auslandserfahrung glaube ich, dass es einen globalen Grundkonsens über „Werte" gibt. Allerdings bedürfen Begriffe gelegentlich einer Klarstellung bzw. Definition.

Fazit: Ich halte wenig davon, dass der SOX/406 in das deutsche Aktiengesetz übernommen wird. Ferner bin ich der Meinung, dass eine Diskussion darüber zum gegenwärtigen Zeitpunkt aus politischen Gründen nicht angebracht ist. Ich vertrete dagegen die Auffassung, dass die Zeit wieder reif ist für eine konsequente christlich-ethisch unterlegte Erziehung unseres Nachwuchses.

Abkürzungen:

SOX (SOA)	Sarbanes Oxley Act (USA)
CEO	Chief Executive Officer
CFO	Chief Financial Officer
KonTraG	Gesetz zur Kontrolle und Transparenz im Unternehmensbereich
SAP AG	Software-Konzern in Walldorf
SEC	Securities and Exchange Commission (USA)
TransPuG	Gesetz zur weiteren Reform des Aktien- und Bilanzrechts, zu Transparenz und Publizität

Die Verordnung der Ethik

– Deutsche Unternehmen zwischen Sarbanes-Oxley und dem kategorischen Imperativ –

Von Karl Ludwig Kley

Eingegangen: 2. Juni 2005

Dr. Karl Ludwig Kley, Mitglied des Vorstands der Deutsche Lufthansa AG, von der Gablenz Str. 2-6, 50679 Köln

ZfB
ZEITSCHRIFT FÜR BETRIEBSWIRTSCHAFT

A. Einleitung

Am 30. Juli 2002 trat in den USA der Sarbanes-Oxley Act in Kraft. Seither müssen amerikanische Unternehmen einen „Code of Ethics“ vorweisen. Für deutsche Firmen, die an einer US-Börse notiert sind, gilt dies in gleicher Weise. Derartige Erklärungen können auf den Internet-Seiten der jeweiligen Unternehmen nachgelesen werden. Man braucht dazu oft viel Geduld; über 100 Textseiten kodifizierter „Ethik“ sind insbesondere bei US-Firmen keine Seltenheit.

Angesichts solcher „Ethik-Inflation“ ist die Prognose nicht gewagt, dass die EU oder der deutsche Gesetzgeber die Idee eines „Code of Ethics“ adaptieren und flächendeckend einführen werden. Die entspräche der in den letzten Jahren verstärkt zu beobachtenden Tendenz zu einer einseitig interpretierten Konvergenz internationaler Kapitalmärkte und immer intensive-ren Regulierung börsennotierter Unternehmen.

B. Anforderungen an einen „Code of Ethics“

Welche Anforderungen werden im Sarbanes-Oxley Act konkret an einen „Code of Ethics“ gestellt?

“The final rule defines the term “code of ethics” as written standards that are reasonably designed to deter wrongdoing and to promote:

- Honest and ethical conduct, including the ethical handling of actual or apparent conflicts of interest between personal and professional relationship;
- Avoidance of conflicts of interest, including disclosure to an appropriate person or persons identified in the code of any material transaction or relationship that reasonable could be expected to give rise to such a conflict;
- Full, fair, accurate, timely, and understandable disclosure in reports and documents that a company files with, or submits to, the Commission and in other public communications made by the company;
- Compliance with applicable government laws, rules and regulations;
- The prompt internal reporting to an appropriate person or persons identified in the code of violations of the code; and
- Accountability for adherence to the code.”[1)]

Konkrete Vorgaben, welche ethischen Grundsätze ein solcher Kodex bein-hal-ten sollte, werden also nur in geringem Umfang gemacht (avoidance of conflicts of interest, disclosure requirements). Daher werden auch in diesem Beitrag inhaltliche Ausgestaltungen eines „Code of Ethics“ nur in diesem begrenzten Umfang diskutiert. Weiteres möge zunächst den Philosophen und Theologen vorbehalten bleiben.

In jedem Unternehmen existieren Werte und Verhaltensregeln, geschriebene und/oder ungeschriebene.

C. Die informale Welt der Lufthansa AG

Am Beispiel der Lufthansa, die weder den Regularien des Sarbanes-Oxley Act unterliegt noch einen formalen „Code of Ethics“ aufgestellt hat, lässt sich dies gut darstellen.

Lufthansa ist Mitglied in einer Vielzahl nationaler und internationaler Organisationen, die sich mit der ethischen Dimension wirtschaftlicher Betätigung befassen. Das sind:

- UN Global Compact
- econsense, Forum Nachhaltige Entwicklung
- ICC Deutschland
- dnwe, Deutsches Netzwerk Wirtschaftsethik
- EBEN, European Business Ethics Network
- Transparency International, Deutsches Chapter e.V.
- B.A.U.M., Bundesdeutscher Arbeitskreis für umweltbewusstes Manage-ment
- Initiative Pro Recyclingpapier

Die Regeln der Kodices dieser Organisationen werden eingehalten.

Lufthansa hat ferner im Geschäftsbericht ein Leitbild veröffentlicht, das auch wertrelevante Regeln enthält. Neben Aussagen zu Kompetenz und Zuverlässigkeit gegenüber Kunden, dem Verhältnis zu Partnern und Lieferanten sowie dem attraktiven Arbeitsumfeld für die Mitarbeiter bekennt sich Lufthansa darin ausdrücklich zu ihrer gesellschaftlichen Verantwortung.

Schließlich gibt es Werte aus der Unternehmenskultur, die informell existieren und gelebt werden, aber nicht formalisiert sind.

Die Pflicht zur Aufstellung eines „Code of Ethics“ würde demnach für die Lufthansa im Wesentlichen bedeuten, diese real existierenden Regeln aus ihrer teilweise informalen Welt in eine Formalisierung zu überführen.

D. Der Nutzen einer formalisierten Welt für die Lufthansa AG

Was brächte eine solche Formalisierung?

- Sie fasste sicherlich das geltende Wertesystem zusammen und sorgte damit für Information und Transparenz.
- Solange sie im Bereich der rechtlichen Unverbindlichkeit bliebe („sollte“ – Terminologie des Deutschen Corporate Governance Kodex), wären wohl keine negativen Konsequenzen zu erwarten.
- Sie würde aber per se auch nichts zum Positiven ändern, insbesondere verhinderte sie kein bewusst unethisches Verhalten. Eine solche Formalisierung wäre also im Großen und Ganzen überflüssig.

Mit Sarbanes-Oxley wird aber mehr angestrebt, nämlich die völlige Verrechtlichung. Nach deutscher Logik könnte dies entweder über eine „comply and explain“-Regel („soll“- Terminologie des Deutschen Corporate Governance Kodex) oder mittels eines Gesetzes erreicht werden.

Nach unserem auf Subsidiarität und sozial verantworteter Freiheit aufgebauten Gesellschaftsmodell kann ein derart verrechtlicher „Code of Ethics" nicht das Mittel der Wahl sein. Dem mag man entgegenhalten, die Verrechtlichung ethischer Grundsätze sei heute mehr denn je erforderlich. Nur so könne einem allgemeinen Verfall öffentlicher Moral Einhalt geboten werden. Und nur so könnten rechtliche Grauzonen, die zu unmoralischem Handeln einlüden, durch Rechtsklarheit ersetzt werden.

Ethik ist zunächst etwas Individuelles. Wenn ethische Grundsätze zur gesellschaftlichen Norm erhoben werden sollen, ist dies Sache des Gesetzgebers. Aber eine private Institution wie ein Unternehmen dazu zu verpflichten, ihre Firmenethik zu kodifizieren, führt nicht weiter. Entweder entsteht eine komplett belanglose Aneinanderreihung von Banalitäten oder die zwangsweise Proklamation von Werten schafft eine formale Korrektheit, die einer fundierten inhaltlichen Auseinandersetzung mit ethischen Grundsätzen nicht stand hält. Für beides liefern die oben angeführten Internetseiten manchen Beleg.

Ethik ist auch kulturell bedingt. Gerade in einer globalisierten Welt müssen unterschiedliche Wertmaßstäbe und Interpretationen aus den verschiedenen Wirtschaftsräumen berücksichtigt werden. Oder soll es etwa irrelevant sein, ob sich westliche oder östliche Wertvorstellungen hinter einem „Code of Ethics" verbergen, solange man nur einen vorweisen kann.

Die zwangsweise Proklamation ethischer Grundsätze wird nur das Gegenteil des Gewollten bewirken. Werte werden ausgehöhlt, weich gewaschen, nur noch dem Wortlaut nach interpretiert. Und im Nachhinein gibt es plötzlich gute Gründe, jegliche Verhaltensweise als ethisch zu bezeichnen – gewonnen wäre nichts.

Auch rechtstechnisch spricht ein gewichtiges Argument gegen die Kodifizierung von ethischen Grundsätzen in konkrete Ge- und Verbots-normen. Jede denkbare Liste von Regelbeispielen für ethische Verbote wird das Gesamtbild ethischen Verhaltens fragmentieren und die Suche nach unvermeidbaren Regelungslücken in den Vordergrund stellen. Ethische Unter-nehmensführung sollte nicht zu binären Folgen von konkreten Regelbeispielen verkümmern.

Auch der Hinweis auf eine erwünschte Rechtsklarheit führt nur zu formalistischen Lösungen, die zu wenig Raum für Wertungen lassen. Deren Fehlen mag für praktizierende Juristen ein Alptraum sein; solche Freiräume entsprechen aber der Lebenswirklichkeit, der Pluralität unserer Gesellschaft und auch der Individualität ethischer Vorstellungen.

Daher ist die Einführung einer kodifizierten Ethik-Anforderung nicht zu befürworten. Im Sinne einer freiheitlichen, privatautonom gesteuerten Rechtsordnung gilt, dass im Zweifel einer Nichtregelung der Vorzug zu geben ist.

Sonst wäre auch die Verlockung zur Regelungsverdichtung schlichtweg zu groß. Und dieser Versuchung sollte sich der Gesetzgeber nicht aussetzen. Denn wenn sich ein Unternehmen zu 100% gesetzeskonform verhält – was gibt es dann noch zu regeln, was der Markt nicht zu kontrollieren vermag? Kein Unternehmen oder Unternehmer kann auf Dauer auch ohne „Code of Ethics" gegen ethische Prinzipien verstoßen; die Vorkommnisse der jüngsten Zeit zeigen dies überdeutlich.

E. Interessenkonflikte und Transparenz

Inhaltlich befasst sich der Sarbanes-Oxley Act mit zwei Anforderungen „avoidance of conflict of interests“ und „full disclosure“.

Für Interessenkonflikte gibt es in Deutschland Regelungen. Organ-schaft-liche Treuepflichten des Vor-standes ergeben sich aus den §§ 76, 93 AktG. Außerdem sind Interessenkonflikte von Vorstand und Aufsichtsrat in Ziffern 4.3 und 5.5 des Deutschen Corporate Governance Kodex adressiert, die über die Entsprechenserklärung gem. § 161 AktG auch rechtlich wirksam sind. Es besteht also in Deutschland zumindest keine Regelungslücke. Eventuell für erforderlich gehaltene Nachbesserungen können gesetzlich oder im Deutschen Corporate Governance Kodex erfolgen, eines gesonderten „Code of Ethics“ bedarf es dazu nicht.

Ähnliches gilt für das Erfordernis der Transparenz (disclosure). Regelungen der Finanzberichterstattung sind in WpHG, BörsG, HGB etc. geregelt und sanktioniert. Die Kontrolle erfolgt durch die Wirtschaftsprüfung und künftig durch das sog. „enforcement“.

Generell herrschen bei Publikumsgesellschaften heute schon die strengsten Vorschriften zur Transparenz der Berichterstattung. Natürlich existiert bei Manchem der Wunsch nach umfassenderer Regelung. Dafür ist allerdings ein „Code of Ethics“ nicht das richtige Instrument. Solche Wünsche sollten systematisch korrekt bei der Erarbeitung der IFRS und ihrer Umsetzung in das jeweilige nationale Recht berücksichtigt werden.

Erinnern wir uns nochmals an den Anlass für den Sarbanes-Oxley Act: Fälle wie Enron oder Worldcom zeigen, dass selbst bei der Existenz von entsprechenden Vorschriften die tatsächliche Lage verschleiert wird, wenn Verantwortliche Transparenz nicht wollen. Das Management wird in beiden Fällen wohl keinem Verbotsirrtum unterlegen sein. Wahrscheinlich haben die Unternehmensvertreter den Kapitalmarkt bewusst falsch informiert. Da hilft kein „Code of Ethics“; er würde wie auch ein eventueller „Administrator of Ethics“ schlicht umgangen werden.

Es hilft nichts: ein Manager braucht einen inneren Kompass, eine sittlich fundierte moralische Grundlage. Ethisches Verhalten muss von der Unternehmensspitze vorgelebt werden. Tut sie das, wird kein „Code of Ethics“ benötigt. Tut sie das hingegen nicht, hilft auch der beste „Code of Ethics“ nicht. Der Reformbedarf liegt nicht im Fehlen einer Ethik-Regelung. Das ethische Rückgrat eines Menschen wird im Elternhaus, im Freundeskreis, in Schule, Ausbildung und religiöser Erziehung gestärkt. Darauf sollten wir uns wieder etwas mehr besinnen.

Anmerkungen

1 SECURITIES AND EXCHANGE COMMISSION 17 CFR PARTS 228, 229 and 249 [RELEASE NOS. 33-8177; 34-47235; File No. S7-40-02]
RIN 3235-AI66 Disclosure Required by Sections 406 and 407 of the Sarbanes-Oxley Act of 2002

Dritter Teil

Stellungnahmen von Autoren, die der gesetzlichen Einführung von Kodices ethischen Verhaltens skeptisch gegenüberstehen

Code of Ethics – eine sinnvolle Fortentwicklung innerbetrieblicher Organisation und externer Berichterstattung?

Von Jürgen Spielberg

Eingegangen: 4. Juni 2005

Jürgen Spielberg, LLM, WP, Stb, RA, Mitglied des Vorstands der Rölfs WP Partner AG, Wirtschaftsprüfungsgesellschaft, Grafenberger Allee 159, D-40237 Düsseldorf

ZfB
ZEITSCHRIFT FÜR BETRIEBSWIRTSCHAFT

A. Anlass und Einführung

Als ein Wirtschaftsprüfer, der über Jahrzehnte Unternehmer und Unternehmen der unterschiedlichsten Branchen und Größenordnungen in betriebswirtschaftlichen Angelegenheiten im weitesten Sinne betreut hat, bin ich in Beratungs- und Prüfungsprojekten von wesentlicher Bedeutung immer wieder auch mit Problemen und Fragestellungen konfrontiert worden, die in der heutigen Zeit als Probleme der Unternehmensethik angesehen würden. Die Thematik ist als solche also sicher nicht neu, hat aber durch die Skandale des letzten Jahrzehnts (Bilanzfälschungen, Kredit – und Anlegerbetrügereien, Börsencrash, Managerabfindungen, Umweltskandale etc.) eine an Aktivismus grenzende Beachtung durch Politik, Unternehmens- und Berufsverbände sowie Gewerkschaften gefunden. Nicht zuletzt mein Berufsstand der Wirtschaftsprüfer ist dabei verstärkt in die Diskussion geraten.

Das in diesem Zusammenhang auf Grund der Ereignisse um die Enron – Affäre in den USA erlassene Gesetz, der Sarbanes-Oxley Act (S.O.A.), aus dem Jahre 2002 hat nach meiner Kenntnis und Erinnerung in einer bisher nur den revolutionären oder zumindest spektakulären Verfassungsentwürfen auf staats- oder überstaatlicher Ebene vorbehaltenen Weise weltweit Beachtung und Reaktionen von der vollständigen Ablehnung bis hin zur teilweisen Nachahmung bewirkt. Gegenstand dieser politischen und gesetzgeberischen Bemühungen war die Definition bzw. Überarbeitung von Regelungen zur Sicherung der Qualität der Berichterstattung kapitalmarktorientierter Unternehmen über ihre Finanz-, Vermögens- und Ertragslage und die Chancen und Risiken ihrer zukünftigen Entwicklung und deren Überprüfung durch außen stehende Wirtschaftsprüfer oder vergleichbare Institutionen. Die Ausdehnung und Präzisierung strafrechtlicher und strafrechtsähnlicher Vorschriften in diesem Zusammenhang sollen nicht Gegenstand meiner Erörterung sein. Die Präventivwirkung des Strafrechts und damit die Sicherstellung bestimmten wünschenswerten Sozialverhaltens mit Mitteln des Strafrechts gehört meiner Ansicht nach zu den schwierigsten Fragen der Strafrechtstheorie und würde im Rahmen dieser kurzen Erörterung auch nicht andeutungsweise zufrieden stellend besprochen werden können.

Nachdem zumindest in den die Kapitalmärkte regulierenden Industrienationen eine Reihe von gleich oder ähnlich gelagerten Vorschlägen zur Sicherstellung der Qualität externer Abschlussprüfungen durch eine „Kontrolle der Kontrolleure“ oder durch Maßnahmen zur Verstärkung der „Unabhängigkeit der Urteilsbildung der Kontrolleure“ durch die politisch zuständigen Gremien erarbeitet und neben oder infolge des S.O.A. gesetzlich umgesetzt wurden, soll hier eine weitere der Maßnahmen besprochen werden, die das S.O.A. für notwendig erachtet, um die „richtige“ oder – genauer – den anzuerkennenden Interessen der Berichtsempfänger „angemessene“ Berichterstattung der Unternehmen im oben umschriebenen Sinne mit größerer Aussicht auf Erfolg als in der Vergangenheit sicher zu stellen.

B. Code of Ethics im Sinne von Sect. 406 S.O.A.

In Sect. 406 S.O.A. sieht das Gesetz die Einrichtung eines „Code of ethics for senior financial officers“ vor (definiert als Leiter des Finanz- und Rechnungswesens, des Controlling bzw. vergleichbarer Funktionen). Hiernach sollen Kapitalmarkt orientierte Unternehmen den Mitgliedern der Führung mit – wie ich verkürzt sagen möchte – Wirkung hinsichtlich der finanziellen Außendarstellung des Unternehmens bestimmte Regeln für ihr Verhalten im Rahmen der Ausübung ihrer Funktion vorgeben und diese Vorgabe („code of ethics") veröffentlichen bzw. begründen, wenn sie einen solchen Kodex nicht erlassen haben.

Es liegt also nahe zu fragen, ob im weiteren Zuge der Verbesserung der Durchsetzung angemessener Berichterstattung der Kapitalmarkt orientierten Unternehmen im oben genanten Sinne ein solcher Kodex sinnvoll sein könnte und deshalb auch bei uns in Deutschland oder in Europa eingefordert werden sollte. Hierbei will ich mich wegen des wesentlichen Regelungsinhalts des S.O.A. und des durch dieses Gesetz gewählten Regelungsadressaten „senior financial officer" zunächst nur mit den dort umschriebenen Verhaltensregeln beschäftigen, soweit sie sich auf die finanzielle Außendarstellung des Unternehmen beziehen, im Weiteren aber auch Fragen der Verhaltenssteuerung der Manager und Mitarbeiter eines Unternehmens durch interne oder auch veröffentlichte Verhaltensregeln aufgreifen.

C. Aufrichtiges und moralisch einwandfreies Verhalten

Zunächst sollen die nach Sect. 406 aufzustellenden und zu veröffentlichenden Regeln (Standards) ganz allgemein „aufrichtiges und moralisch einwandfreies" Verhalten unterstützen, wobei der Fall eines möglichen tatsächlichen oder nur vermeintlichen Interessenkonfliktes zwischen den Mitarbeitern des Unternehmens und externen Geschäftsbeziehungen als Sonderfall ausdrücklich erwähnt wird.

Es ist sicher richtig, dass zumindest bei den leitenden Mitarbeitern eines Unternehmens unternehmensintern sichergestellt wird, dass sie Sensibilität für interne und externe Interessenkonflikte entwickeln und ihnen in diesen Fällen, die meist auch persönlich unangenehm sind, ein Verfahren eröffnet wird, die Situation einer allgemein akzeptierten Lösung zuzuführen. Hier sind sicher auch praktikable Definitionen möglich, bei welchen Situationen die Gefahr eines Interessenkonfliktes denkbar wäre. Da eine Interessenkollision letztlich die Gefahr unternehmensschädlichen Verhaltens mit sich bringt, sind auch Anlass, wesentlicher Innhalt, Zweck und Ziel solcher Verhaltensregeln in der Regel in angemessener Kürze gut und einsichtig darstellbar.

Dass man aber nicht ganz allgemein und völlig uneingeschränkt aufrichtiges und moralisch einwandfreies Verhalten einfordern kann, zeigt m. E. sehr schön eine diesbezügliche Regel im „Code of Ethics" von DaimlerChrysler: Unter der Überschrift „Honest and Ethical Conduct" heißt es u.a. >> *Act with integrity, including being honest and candid while still maintaining the confidentiality of Company information where required or in the Company`s interest* (Hervorhebung vom Verfasser). Wann soll ich, ja darf ich also nicht aufrichtig und offen sein ? Wann ist das Interesse des Unternehmens negativ berührt? Nicht dass ich diese Regel im Entferntesten kritisiere, ich halte sie mit ihrer einschränkenden Bemerkung für zwingend; sie zeigt aber auch, wie sehr ohne konkrete Handlungsanweisung solche Regeln allgemein bleiben müssen, wenn sie nicht Schaden für das Unternehmen zur Folge haben sollen. Ohne konkrete Handlungsanweisung bleiben solche Regeln letztlich im Programmatischen verhaftet, deren Anwendung im Einzelfall kein

Akt der einfachen Subsumtion eines Sachverhalts unter eine Regel, sondern die Definition der Regel selbst im Moment der Entscheidung auf der Grundlage letztlich eigener Wertvorstellungen des oder der Handelnden voraussetzt. In der Praxis ist in Verhandlungen mit Dritten die interne Klärung solcher Fragen der notwendigen, aber auch hinreichenden Offenheit ein wichtiger, letztlich immer währender Prozess, bei dem solche programmatischen Vorgaben und auch gesetzliche Vorschriften nur bedingt, häufig gar keine Entscheidungshilfen geben. Wie anders wäre sonst der „Mannesmann-Vodafone-Fall" zu erklären. Gerade die Deutsche Bank stellt in ihrem „Ethikkodex" insbesondere auch für den Vorstandsvorsitzenden unter der Überschrift „Aufrichtiges und ethisches Verhalten" unter Ziffer 4) folgende Regel auf: „Im Zusammenhang mit ihrer Tätigkeit weder für sich noch für andere Personen von Dritten Zuwendungen oder sonstige Vorteile zu fordern oder anzunehmen oder *Dritten ungerechtfertigte Vorteile zu gewähren.*" (Hervorhebung vom Verfasser). Sind im Mannesmann-Vodafon-Fall ungerechtfertigte Vorteile Dritten gewährt worden? Was ist „ungerechtfertigt" in einem solchen Fall? Letztlich ist darüber im konkreten Einzelfall eine Entscheidung durch die handelnden Personen gefordert, die – wie man im „Mannesmann-Vodafon-Fall" sieht – sogar im Nachhinein unter dem deutlichen Risiko strafrechtlicher Beurteilung steht.

I. Faire Berichterstattung

Als nächstes sollen die Regeln (Standards) nach Sect. 406 S.O.A. vollständige, faire, richtige, zeitgerechte und verständliche Offenlegung in den periodisch wiederkehrenden Berichterstattungen fördern, eine Anforderung, die jedenfalls aus der Sicht eines Anlegers sicher richtig, im Grunde aber durch verschiedene gesetzliche Vorschriften in Deutschland bereits vom Bericht erstattenden Unternehmen verlangt wird (z.B. §§ 289, 315 HGB, §§ 7 und 13 VerkProspG). Aber auch hier sind im Einzelfall schwierige Entscheidungen über den Umfang der Offenlegung auch unter dem Gesichtspunkt des Interesses des Anlegers vorstellbar, wobei sogar häufig Gegensätze in der Interessenlage des bestehenden und des potentiellen Anlegers bestehen, die meistens – nicht jedoch zwingend immer – unter Berücksichtigung der Investitionsmobilität des über die Kapitalmärkte investierenden Anlegers aus der Interessenlage des potentiellen Anlegers zu entscheiden sein werden.

II. Einhaltung der Gesetze

Und schließlich verlangt drittens Sect. 406 S.O.A., dass die Regeln (Standards) die Einhaltung aller gesetzlichen und behördlichen Vorgaben unterstützen sollen, ein – wie ich meine – selbstverständliches Ziel jeglichen verantwortungsbewussten unternehmerischen Handelns.

III. Einbeziehung Dritter

Das Programmatische der Inhalte solcher Codices, die im zu entscheidenden Einzelfall keine eindeutigen Handlungsanweisungen vorgeben können, hat offensichtlich viele Unternehmen veranlasst, neben den inhaltlichen Programmsätzen und Leitlinien auch Verfahren zu definieren, wie der Einzelne in einem konkreten Sachverhalt seine eigene Beurteilung der Situation zur Überprüfung durch Dritte führen kann. Hier werden bestimmte Verfahren, verantwortliche Personen bzw. Funktionen festgelegt und veröffentlicht, die dem einzelnen Manager, Mitarbeiter oder auch externen Dritten den Weg aufzeigen, sich Gehör zu verschaffen, wenn sie Verstöße gegen die Anforderung aufrichtigen und moralischen Verhaltens oder Probleme der Interessenkollision, Verstöße gegen die Grundsätze fairer Berichterstattung oder Gesetzesverstöße glauben feststellen zu können. Solche Verfahrensvorschläge machen sicher Sinn.

D. Code of Ethics im weiteren Sinne – der Gegenstand

Über die durch Sect. 406 S.O.A. umschriebenen Regelungsgegenstände sowohl hinsichtlich des Inhalts wie auch des angesprochenen Adressatenkreises hinaus stellen Unternehmen – und zwar nicht nur solche, die am Kapitalmarkt Investoren suchen – Codices oder Unternehmensgrundsätze auf, welche die Zielsetzung und Werte definieren, nach denen die Unternehmen und damit die in den Unternehmen tätigen Menschen sich bei ihrem Verhalten intern und extern richten sollen. Diese Grundsätze enthalten in aller Regel Aussagen zur Kundenorientierung, Produkt- oder Leistungsqualität, zu beruflichen Standards, Gleichberechtigung und Unvoreingenommenheit gegenüber Menschen anderen Geschlechts, Hautfarbe, Religionszugehörigkeit, Unabhängigkeit der Urteilskraft, Vermeidung von Situationen, die Interessenkollisionen befürchten lassen, Teamarbeit, und Verantwortung für das Unternehmen und die Umwelt. Die kapitalmarktorientierten Unternehmen veröffentlichen solche „codices of conduct" bzw. „Unternehmensgrundsätze" häufig neben dem oben abgehandelten „Code of Ethics" im Sinne der Sect. 406 S.O.A. Auch diese Grundsätze sind häufig nicht mehr als Leitlinien, deren Anwendung auf den konkreten Einzelfall durch die handelnden Personen wiederum keine einfache Subsumtion des Sachverhalts unter die Regel sondern eine wertende Urteilsbildung voraussetzt.

Es bleibt somit zunächst die Frage, aus welchem Grund Unternehmen solche Codices aufstellen.

In Unternehmen arbeiten Menschen miteinander. Menschen orientieren sich in ihrem Verhalten an ethischen Grundüberzeugungen, die sich im Wandel der Zeiten verändern und auch in der gleichen Zeit regionale und nationale Unterschiede aufweisen, die religiös oder allgemein weltanschaulich, kurz kulturell bedingt sind. Die zu regelnden Sachverhalte werden in unserer naturwissenschaftlich-technisch orientierten Welt immer vielfältiger, interdependenter und komplexer, die Einordnung in einheitliche miteinander harmonierende Grundüberzeugungen immer schwieriger. Das erlebt jeder Unternehmer tagtäglich, wenn er mit Widersprüchen im unternehmensinternen Miteinander, mit mangelnder Bereitschaft, individuelle Verantwortung zu übernehmen, oder schlicht mit zu geringer Bereitschaft, die

Arbeit des Kollegen und vor allem auch der Untergebenen zu respektieren, und damit mit Hindernissen für den unternehmerischen Erfolg konfrontiert wird. In diesem Umfeld liegt es nahe, dass Unternehmen, um ihren Unternehmenszweck zielstrebig und in einer harmonischen Kultur des Miteinander der Menschen, die in der Gruppe „Unternehmen" zusammenarbeiten, zu realisieren, Unternehmensgrundsätze formulieren, die zumindest Leitlinien für das Miteinander unter moralischen Gesichtspunkten formulieren. Eine „Unternehmenskultur" des internen Miteinander und der Zusammenarbeit mit externen Dritten kann daraus aber nur entstehen, wenn nach diesen Grundsätzen auch gelebt wird, ihre Beachtung nach innen durchgesetzt wird. So wie eine strategische Grundausrichtung eines Unternehmens für den langfristigen Erfolg notwendig, die schriftliche Fixierung der Strategie jedoch nicht zwingend, auf keinen Fall aber hinreichend ist, so sind widerspruchsfreie Grundüberzeugungen, nach denen in einem Unternehmen gehandelt werden soll, für eine langfristig erfolgreiche Unternehmenstätigkeit notwendig, ihre schriftliche Fixierung jedoch ebenfalls nicht zwingend, und ebenfalls auf keinen Fall hinreichend.

E. Code of Ethics – die Wirkung

So gesehen wäre der Enron-Skandal oder andere vergleichbare Skandale vemutlich durch die Aufstellung eines „Code of Ethics" im engeren Sinne der Sect. 406 S.O.A. nicht verhindert worden, weil die Beteiligten das Unrechte ihres Tuns und die daraus abgeleitete Notwendigkeit der Verschleierung sehr wohl erkannt haben dürften. Ob die Einrichtung eines Verfahrens zur Klärung von Verhaltensproblemen durch Bestimmung einer zuständigen Anlaufstelle etwas bewirkt hätte, wage ich ebenfalls zu bezweifeln. Auch ein solches Verfahren kann nur wirken, wenn zumindest an der Spitze des Unternehmens oder in den Kontrollgremien auch nicht über den fraglichen Sachverhalt informierte, gutwillige Persönlichkeiten sitzen, die durch gezielte Nachfrage auf die Missstände aufmerksam gemacht werden könnten.

Trotzdem: In den vielen Jahren meiner Berufstätigkeit habe ich immer wieder feststellen können, dass von einer bestimmten Größenordnung an Unternehmer die Notwendigkeit der Definition von Unternehmensgrundsätzen – allerdings in dem oben dargestellten Sinne des „Codex of Conduct" für Mitarbeiter – als sinnvoll, wenn nicht als notwendig erachtet haben. Dass ein gewisser Zusammenhang zwischen solchen Grundsätzen (Wertekanons, Ethikkurse) und dem unternehmerischen Erfolg zu vermuten ist, hat übrigens unlängst Barbara Bierach in der Süddeutschen Zeitung (30.5.2005) in einer Besprechung einer Untersuchung von Booz Allen Hamilton und des Aspen Instituts dargestellt.

Wir selbst haben im Zuge der Fusion zwischen zwei mittelgroßen Wirtschaftsprüfungsunternehmen die Notwendigkeit gesehen, Unternehmensgrundsätze zu definieren, die sich im wesentlichen mit Kundenorientierung, Glaubwürdigkeit und Professionalität, unternehmerischer Verantwortung sowie unseren Grundüberzeugungen im beruflichen und zwischenmenschlichen Miteinander beschäftigen, ohne die im „Code of Ethics" im engeren Sinne geforderten Grundsätze der „allgemeinen Aufrichtigkeit und des moralischen Handelns", die „vollständige, faire, richtige, zeitgerechte und verständliche Berichterstattung" und die „Beachtung der gesetzlichen und behördlichen Vorschriften" gesondert zu thematisieren. Diese Themen waren und sind für uns als Wirtschaftsprüfer bereits als

Teil unserer Berufsgrundsätze selbstverständlich. Obwohl nun schon einige Jahre seit der Definition dieser Unternehmensgrundsätze bei uns vergangen sind, ist deren Durchsetzung noch nicht in allen Fällen überzeugend gelungen. Dennoch hat die Definition dieser Grundsätze zu der Verwirklichung einer einheitlichen neuen Unternehmenskultur beigetragen, die uns ohne die klärende Auseinandersetzung mit solchen gemeinsam getragenen Grundsätzen sicher nicht so gut gelungen wäre, die aber ein wesentlicher Faktor unseres gemeinsamen Erfolges war.

I. Code of Ethics – interne Regelung

Aus meiner Sicht ist – zumindest von einer bestimmten Größe des Unternehmens an – die schriftliche Formulierung von Unternehmensgrundsätzen über das interne und externe Miteinander bei aller Allgemeinheit und Abstraktheit der Grundsätze im Einzelnen ein notwendiger, ohne tagtägliche Beschäftigung mit ihrer angemessenen Beachtung im konkreten Einzelfall jedoch nicht hinreichender Teil der Selbstorganisation eines Unternehmens. Bei den erfolgreichen Unternehmern habe ich diese Einstellung meistens ebenfalls feststellen können.

Wenn sich Unternehmer mit der Einführung eines „Code of Ethics" oder eines „Code of Conduct" beschäftigen, dann sehen sie darin in aller Regel eine Möglichkeit, die Grundsätze ihrer Unternehmenskultur zu definieren, und gehen deshalb weit über die sehr allgemein gehaltenen Anforderungen an die „senior financial officers" der Sect. 406 S.O.A. hinaus. So lässt die Deutsche Bank dem offensichtlich stark an Sect. 406 S.A.O. orientierten „Ethik Kodex" einen eigenen Abschnitt „Code of Conduct" folgen, der im Eingang unter dem Titel „Zu unserer Identität" etwas zur allgemeinen Unternehmenskultur der Deutschen Bank festhält. Ähnliche Grundsatzformeln finden sich übrigens in vielen „codes of conduct" als Eingangsstatements. Danach werden in unterschiedlicher Reihenfolge Fragen des internen und externen Miteinanders, der Professionalität des Handelns, der Eigenverantwortung und Unabhängigkeit, der Vertraulichkeit und der globalen Verantwortung abgehandelt.

Einen interessanten anderen Weg geht die Firma Henkel, die an den Eingang für die Mitarbeiter eine „Drei-Fragen-Probe" definiert (methodisch der Vier-Fragen-Probe der Rotarier vergleichbar), die sie sich zum Maßstab ihres Handelns machen sollen.

In dieser Hinsicht wird man keine allgemein anwendbare Vorgabe machen können. Ich selbst würde einen „Code of Conduct" bzw. Unternehmensgrundsätze im weiteren Sinne bevorzugen und darin vor allem Fragen des externen und internen Miteinander (Kunden- und Mitarbeiterbezogenheit), die aufgabenbezogene Verantwortung auf jeder Ebene, die Wahrung der inneren Unabhängigkeit, die Wahrung der Vertraulichkeit und die (letztlich selbstverständliche) Professionalität des Handels sowie das Verfahren über die Einholung eines nicht in die Hierarchie der Verantwortung einbezogenen Dritten (intern und gegebenenfalls auch extern) regeln.

In einem Unternehmen, das sich im Wesentlichen in einem wertehomogenen Umfeld bewegt, dürfte es nicht schwer sein, Übereinstimmung über solche Grundsätze zu finden. Schwieriger erscheint mir die Frage, wie global operierende Unternehmen mit den Wertedisparitäten in ihren verschiedenen regionalen Aktionsfeldern umgehen können. Hierbei ist zudem zu berücksichtigen, dass unerkannte oder zu spät erkannte Fehlentwicklungen in solchen Unternehmen, die häufig das Jahresbudget eines Landes kleinerer bis mittlerer Größenordnung haben, weltweit Verwerfungen hervorrufen können, die staatlichen Fehlentwicklungen in solchen Ländern in nichts nachstehen, sie sogar weit übertreffen können – wahrscheinlich ein Grund für die eingangs erwähnte weltweite Beachtung der Enron-Affäre. Unter Berücksichtigung des Umstandes, dass solche Unternehmen deswegen auch häufig unter besonderer öffentlicher Beobachtung gerade auch in den weit entwickelten Industrienationen stehen, meine ich daher, dass diese Unternehmen in ihren „Codes of Conduct" Mindeststandards definieren müssen, die – wenn auch auf relativ allgemeiner und abstrakter Ebene – Maßstäbe für das Verhalten der Mitarbeiter und Manager bieten. Obwohl die Grundrechte der staatlichen Verfassungen im Kern Schutzbereiche des Einzelnen gegenüber dem Regelungs- und Gewaltmonopol des Staates bieten, können sie meiner Meinung nach in entsprechender und dem Zweck und Ziel unternehmerischen Handelns angemessener Weise thematisch und inhaltlich bei der Ausbildung solcher Mindeststandards herangezogen werden. Für ihre Mitarbeiter und in schwächer organisierten Regionen auch für das Umfeld sind global operierende Unternehmen faktisch mit quasi staatlichen Regelungs- und Gewaltmonopolen versehen, deren Eingrenzung heute ähnlich notwendig erscheint, wie dies für das staatliche Regelungs- und Gewaltmonopol schon seit einigen Jahrhunderten zumindest in den westlichen Ländern anerkannt wird. Darüber hinaus dürfte es auch im Interesse des Unternehmens liegen, im Falle von Situationen mit dem Risiko der Interessenkollision Handlungsanweisungen vorzuschlagen, um der Gefährdung der Unabhängigkeit des Handelns ihrer Manager und Mitarbeiter weitgehend entgegen zu wirken.

II. Code of Ethics – externe Berichterstattung

Bleibt schließlich noch die Frage zu klären, ob und warum zumindest die kapitalmarktorientierten Unternehmen die im „Code of Ethics" der Sect. 406 S.O.A. im engeren Sinne aufgeführten Grundsätze veröffentlichen sollten.

Veröffentlichungen dienen in aller Regel der Beurteilung der Aktivitäten, der Werthaltigkeit und der Zukunftsfähigkeit des Unternehmens, um Investoren, Kreditgebern, anderen, in Geschäftsbeziehung mit ihm stehenden Unternehmen, Mitarbeitern und deren Interessenvertretern sowie letztlich auch staatlichen Stellen die Möglichkeit zeitgerechter angemessener Entscheidungen über ihre Beziehungen zu und Handlungen gegenüber dem Unternehmen zu ermöglichen. Eine Information nur der zweckfreien Information willen, kann nicht verlangt werden.

Unter den so definierten Voraussetzungen einer Veröffentlichungspflicht hinsichtlich des „Code of Ethics" der Sect. 406 S.O.A. kann ich mir einen sinnvollen Zweck bzw. ein sinnvolles Ziel einer solchen Pflicht für die nur als Programmatischen Erklärungen zu verstehenden Angaben (Ziffer c 1. Sect. 406 S.O.A.) nicht vorstellen. Auch dass man Gesetze und behördliche Vorschriften zu beachten hat (Ziffer c 3. Sect. 406 S.O.A.), ist eine Selbstverständlichkeit und eine Erklärung hierüber hätte nur dann einen zusätzlichen Erkenntniswert, wenn mit der Erklärung auch ein Zwang zur Offenlegung von begangenen Verstößen des Unternehmens verbunden wäre, und die Richtigkeit und Vollständigkeit dieser Erklärung einer Prüfung durch unabhängige Dritte, so z. B. durch den Wirtschaftsprüfer erfolgen müsste. Dies ist aber auch nach dem Wortlaut der Sect. 406 S.O.A nicht gefordert. M.E. wäre eine solche Anforderung auch nicht praktikabel, da sie bei bisher nicht erkannten Verstößen einer Pflicht zur öffentlichen Selbstanzeige gleichkäme und im Falle erkannter Verstöße diese bereits heute eine Berücksichtigung der finanziellen Auswirkungen im Rahmen der Jahresabschlusserstellung und gegebenenfalls auch die gesonderte externe Berichterstattung nach sich ziehen. Schließlich ist die vollständige, faire, richtige, zeitgerechte und verständliche Berichterstattung in den periodischen Berichten des Unternehmens (Ziffer c 2. Sect. 406 S.O.A.) ein sachlich schon an anderer Stelle gefordertes Verhalten, so dass eine gesonderte Erklärung hierzu ebenfalls keinen zusätzlichen Erkenntniswert mit sich bringt.

Einen zusätzlichen Erkenntniswert könnten allenfalls Erklärungen dazu haben, mit welchen besonderen organisatorischen Mitteln das Unternehmen sicher zu stellen sucht, dass die Gesetze und behördlichen Verordnungen eingehalten sowie die periodischen Berichterstattungen vollständig, fair, richtig, zeitgerecht und verständlich vorgenommen werden. Solange sich das aber – wie in den von mir eingesehenen, allerdings nicht repräsentativen Fällen – darin erschöpft, eine verantwortliche Person oder Funktion als Ansprechpartner für solche Fälle zu benennen, in denen jemand einen Verstoß gegen die Leitlinien zum aufrichtigen und moralisch einwandfreien Verhalten oder gegen die Vorschriften über die periodischen Berichterstattungen bzw. gesetzliche und behördliche Anweisungen erkannt zu haben glaubt, ist der Erkenntnisgehalt ebenfalls nicht überzeugend – einen sinnvollen Ansprechpartner findet man in solchen Fällen auch ohne diesbezügliche Veröffentlichung. Hätte man die Anforderung allerdings in der Weise zu verstehen, dass damit die Darstellung der vollständigen Organisationsstrukturen verlangt wird, die das Unternehmen mit dem oben umschriebenen Zweck bzw. Ziel der Regelverstoßvermeidung aufgebaut hat, um dem Berichtsleser eine eigene Beurteilung der Professionalität der diesbezüglichen Unternehmensorganisation zu erlauben, wäre darin meines Erachtens eine Überforderung der Offenlegung von unternehmensspezifischen Interna zu sehen.

F. Veröffentlichung – Pflicht oder Kür ?

Eine gesetzliche Norm der Berichterstattung über einen „Code of Ethics“ im Sinne der Sect. 406 S.O.A. kann ich also nicht befürworten, weil ich bei der gebotenen einschränkenden Auslegung des Textes den Erkenntniswert für den außen stehenden Dritten hinsichtlich des Unternehmenszustandes bzw. Unternehmenswertes nicht erkennen kann, Bloße Leerformeln oder Programmsätze sollte der Gesetzgeber den Unternehmen nicht abverlangen.

Bleibt allerdings zu fragen, warum gerade größere Unternehmen über ihre Unternehmensgrundsätze im Sinne eines „Code of Conduct“ – und damit weit umfangreicher als in Sect. 406 zum „Code of Ethics“ normiert – freiwillig und ausführlich berichten. Ich sehe hierin letztlich ein Marketinginstrument nach innen und außen, durch das die Unternehmen über ihre Unternehmenskultur, ihre Verantwortung für Kunden, Mitarbeiter und Umwelt auch eine breitere Öffentlichkeit im Sinne einer positiven Vorwärtsstrategie informieren möchten. Ein Zwang zur Veröffentlichung solcher Interna ist offensichtlich schon aus diesem Grunde nicht notwendig, eine freiwillige Veröffentlichung als Erfolgsfaktor möglicherweise jedoch die Kür.

Besteht angesichts des Sarbanes-Oxley-Acts Regelungsbedarf im Deutschen Aktiengesetz?

Von Herbert Henzler

Eingegangen: 5. Juni 2005

Prof. Dr. Herbert Henzler, Prinzregentenstr. 22, 80538 München

ZfB
ZEITSCHRIFT FÜR BETRIEBSWIRTSCHAFT

A. Einleitung

Einige Vorbemerkungen mögen meine Aussagen in Perspektive rücken: die spezifischen Ausprägungen des deutschen Aktiengesetzes, wie

- das Postulat des Kollektivvorstandes
- das two-tier-System mit klarer Aufgaben- und Personentrennung in Vorstand und Aufsichtsrat
- die gesetzliche Mitbestimmung für Unternehmen mit über 1.000 Beschäftigten
- die Idee der Aktionärsdemokratie, die sich im Institut der Hauptversammlung manifestiert

und in den Bewertungsvorschriften die Dominanz der Gläubigerschutzinteressen entsprechen dem Zeitgeist der frühen sechziger Jahre. Angesichts der zunehmenden internationalen Verflechtung und des enormen Wachstums der Unternehmen und der globalen Kapitalmarktentwicklung gelten diese Aspekte nur noch bedingt. Immer öfter sieht sich die Unternehmensleitung mit internationalen Systemkonvergenzen (z.B. im Vorstand in Richtung auf CEO und de facto von ihm bestellte Vorstände und im Aufsichtsrat in Richtung auf ein de facto one-tier-System) alternativen Zielen (z.B. Ausweis tendenziell höherer Erträge statt Ausrichtung am kaufmänischen Vorsichtsprinzip) konfrontiert – und immer häufiger werden Vorstände (insbesondere deren Vorsitzende) in die Wüste geschickt, wenn Wachstum und Ertrag nicht stimmen. Einer interessanten Statistik nach betrug im Jahr 2000 die relative Verweildauer von CEOs einer repräsentativen Stichprobe von europäischen Großunternehmen nur noch knapp 75 Monate, während sie fünf Jahre davor noch bei 120 Monaten lag – eine weit stärkere Reduktion als die Verweildauer von Fußballtrainern in Champions League und UEFA-Cup (von 36 auf 25 Monate im gleichen Zeitraum).

B. Die Bedeutung des Sarbanes-Oxley-Act

In diesem Umfeld der neuen Unübersichtlichkeit bei stark gestiegenem persönlichem Risiko für Vorstände und Aufsichtsräte will ich einige „bullet points" über den Ausfluss des Sarbanes-Oxley-Acts formulieren:

1. Der SOA, Section 406, sollte nicht ins deutsche Aktiengesetz übernommen werden. Nach den gesetzlichen Vorschriften der letzten Jahre (KonTrAG, jüngste Gesetzesnovelle über die Veröffentlichung von Managergehältern) – und den jüngsten Empfehlungen der Baums und Cromme Kommissionen – darf davon ausgegangen werden, daß die allgemeine Aufmerksamkeit für unternehmerische Führung und Kontrolle erheblich zugenommen hat. Die Zahl der AR-Mandate pro Person ist stark rückläufig, wechselseitige Mandate werden abgebaut, und Prüfungsausschüsse im AR werden weitgehend die Norm. Man sollte diese Entwicklungen weiter beobachten – einen „Code of Ethics" in der gegenwärtigen Situation einzuführen würde auch nach den jüngsten Skandalen (VW, Commerzbank et al.) das Fehlverhalten einzelner Führungskräfte (und Betriebsräte) zu einer allgemein bekämpfbaren Sachnotwendigkeit machen. Obwohl es einen

Schiedsrichterskandal und Dopingvergehen gab, finden Bundesliga, Radrennen und Leichtathletik nach wie vor großen Zuspruch. Man bestraft den Einzelnen – und geht davon aus, daß der faire Sportsgeist – oft auch ungeschrieben – existiert. Ähnlich sollte es bei Unternehmen auch gehandhabt werden.

2. Ein „Code of Ethics" hätte die Skandals bei Worldcom, Enron et al., kaum verhindern können. Kriminelle Energie schafft sich in allen Institutionen von Zeit zu Zeit ihren Weg. Allerdings hätte ein „Code of Ethics" die Frage nach „ethical risks" seitens der Boards anregen können. Vielleicht hätte aber eine Regel wie die in amerikanischen „Codes of Ethics", wonach dem unternehmensinternen „whistle blower" keine Nachteile entstehen dürfen, als eine wirksame „fleet-in-being" gewirkt und die Verursacher der Skandale abgeschreckt. Der Umgang mit „whistle blowern" in deutschen Unternehmen, die von Vorgesetzten und Kollegen im allgemeinen als „Nestbeschmutzer" verfolgt werden, sollte im Lichte der jüngsten US-amerikanischen Empfehlungen geprüft werden.
3. Internationale Mindeststandards für das Verhalten der Unternehmensführung bzw. im Unternehmen schlechthin können – insbesondere hinsichtlich Korruptionen – festgestellt werden. Teilweise sind diese allgemein akzeptierten Mindeststandards jedoch in deutschen Unternehmen nicht schriftlich fixiert, sondern in der Unternehmenskultur verwurzelt. „The way we do things around here" gibt es bei Siemens, Daimler und BASF – ohne daß wie bei amerikanischen Unternehmen „manuals" dafür nötig sind.
4. Deutsche Unternehmen, die dem Sarbanes-Oxley-Act unterliegen, haben kaum eine Wahl. Statt des aufwändigen „explain why not" entscheidet man sich für ein „comply" – auch um darauf den allgemeinen Erwartungen der amerikanischen Kapitalmärkte zu entsprechen.
5. Ein „Code of Ethics" sollte grundsätzlich realistische Erwartungen beinhalten. Dabei kann das generationenalte Leitbild des ehrbaren Kaufmanns eher handlungsleitend sein, als Erwartungen und Versprechungen, die bei der Komplexität des Geschäftsumfangs kaum einzuhalten sind. Nach dem kostenaufwändigen Versuch mit der jüngsten Chemikalienrichtlinie („Reach") sollte man gelernt haben, daß Aufwand und Nutzen in keinem vernünftigen Ausmaß stehen können. Ein impliziertes Verbot asymmetrischer Information würde das Marktgeschehen über Gebot einengen

C. Mehr Vertrauen in deutsche Vorstände – aber wie?

Die jetzige Diskussion erinnert an die Frühzeit der Aktiengesellschaften in Deutschland. Damals hatten die Aktionäre große Angst, daß der Vorstand mit der Kasse durchbrennen könnte, und man postulierte viel Auskunfts- und Informationsrechte der Aktionäre. In den vierzig Jahren nach dem Krieg verselbständigten sich die Aktiengesellschaften zusehends – und die Vorstände kümmerten sich wenig um den Aufsichtsrat, den Börsenkurs oder die Aktionäre – in den letzten zehn Jahren hat das Pendel deutlich zurückgeschlagen – Aktionäre und deren Vertreter sind mündig geworden. Aufsichtsräte nehmen ihre Pflichten (bei deutlich gestiegenem Risiko) ernster – und Vorstände wissen, daß mangelnde Leistung rasch das „Ende der Dienstzeit" bedeuten kann. Das allgemein niedrige Ansehen von Managern in Deutschland (siehe die jüngste GfK-Analyse, nach der nur 12 % der Bevölkerung dem Top Management Zutrauen entgegen bringen) tut ein Übriges.

Was wir brauchen, sind international kompetitive Leistungen der Unternehmen – davon gibt es über alle Größenordnungen hinweg (noch oder immer mehr) genügend Beispiele.

Zum „Nachholbedarf“ in Unternehmensethik

Von Wolfgang Bernhardt

Eingegangen: 6. Juni 2005

Prof. Dr. Wolfgang Bernhardt, Staufenbergstr.1, 76530 Baden-Baden

ZfB
ZEITSCHRIFT FÜR
BETRIEBSWIRTSCHAFT

An Ethik herrscht kein Mangel; überall ist von Ethik zu hören und zu lesen. Ethische Standards werden aufgeschrieben und angemahnt, in unterschiedlichen Kodizes festgehalten und auf den „Punkt" gebracht.

Wirtschafts- und Unternehmensethik sind in Mode.

Die (Mess-)Latte liegt hoch. Doch es ist reizvoll, sie zu überspringen. Denn „Ethik lohnt sich auch ökonomisch"[1], heißt es bei führenden Wirtschaftsethikern. Von Markt und Moral, von Wettbewerb und Ethik und von einer – angeblich notwendigen – neuen Sichtweise ist die Rede. „Die Marktwirtschaft verbindet Moral und Eigeninteresse; eine Ethik der Mäßigung passt nicht in die moderne Welt", hat Christoph Lütge geschrieben und einen Widerspruch zwischen Moral und Eigeninteresse verneint[2].

Ethik als Synonym für Utilitarismus? Jedenfalls besteht zur Sorge vor ethischer Überforderung kein Anlaß.

Amerikanische (Ethik-)Übungen – mit oder ohne Sarbanes-Oxley – sollten uns weder erschrecken noch als Modell dienen (zumal sich unser „Nachholbedarf" im Vergleich mit den US-amerikanischen „Unfällen" in deutlichen Grenzen hält). „Übermut tut selten gut", heißt es; das gilt auch für seine – vermeintlich – ethische Variante in Papierform. Wir brauchen weder einen „Code of Ethics" noch einen „Integrity Code"[3]. Was – wirklich – zu regeln ist, ist durch Gesetz zu regeln (und an Vorschriften dieser und jeder Art besteht ja hierzulande kein Mangel). Wir benötigen daneben keine Fülle von „halb-amtlichen" Kodizes (nach dem Muster des Deutschen Code of Corporate Governance).

Moral, Ethik und Anstand lassen sich ohnehin nicht „verordnen", und darum geht es letztlich, um – eigentlich – Selbstverständliches, jedenfalls lange Selbstverständnisses: sich an Gesetze zu halten, von sich – nicht für sich – mehr zu verlangen als von anderen; Vorbild zu sein; den – jeden – bösen Schein meiden. Preußische Tugenden nannte man das früher, Lehrstoff vom Sandkasten bis zur Universität. Häufig tun – oder täten – es schon gute Umgangsformen und ein wenig Klugheit, bei aller Auseinandersetzung und Härte des Wettbewerbs, die nichts Neues und keine Erfindung der Globalisierung sind.

Doch die alten „Kopf-Fächer" auf unseren Schulzeugnissen (Verhalten, Aufmerksamkeit und Betragen) sind längst dem „Zug der Zeit" zum Opfer gefallen. Bewährte Grundsätze der (Unternehmens-)Führung sind abhanden gekommen, untergegangen im modischen Corporate Governance-Meer.

Codes of Ethics, Integrity Codes oder Mission Statements werden daran nicht ändern und nichts „richten" (können), was so nicht zu „richten" ist. Es geht letztlich um den königlichen oder ehrbaren Kaufmann[4], wie es früher hieß und jetzt gelegentlich wieder heißt, der „Maß und Ziel" kennt und das „ius bonum et aequum" zu wahren weiß, unabhängig von allen gesetzlichen Regeln (und Lücken). In Frage steht, was „recht und billig" ist.

Anmerkungen

1 So Wilhelm Krelle: „Unternehmensethik, Konzepte – Grenzen – Perspektiven", in: ZfB-Ergänzungsheft 1/92, S. 35 ff. und Karl Homann: „Ethik mit besseren Mitteln", in: Süddeutsche Zeitung vom 12.3.2001, S. 24

2 Christoph Lütge: Zum Vorteil aller, in: FAZ Nr. 56 vom 6.3.2004, S. 15

3 DaimlerChrysler AG folgt – auch – hier amerikanischen „Vorbildern". Vgl. DaimlerChrysler AG's Code of Ethics im Internet unter www.daimlerchrysler.com/Projects/c2c/channel/documents/211718_ CGO_CoE_e.pdf

4 „Der ehrbare Kaufmann", in: Frankfurter Allgemeine Sonntagszeitung Nr. 12 vom 10.8.2003, S. 36

Überflüssig, aber auch nicht schädlich

Von Kurt Hochheuser

Eingegangen: 7. Juni 2005

Kurt Hochheuser, Leuchtenberger Kirchweg 17 c, 40489 Düsseldorf.

ZfB
ZEITSCHRIFT FÜR BETRIEBSWIRTSCHAFT

A. Sarbanes-Oxley-Act und Aktiengesetz

Der Sarbanes-Oxley-Act, insbesondere sein Paragraph 406, gilt für an der Börse in den USA notierte Gesellschaften. Er gilt also nur für deutsche Unternehmen, die in den USA notiert sind. Wollte man die in Paragraph 406 enthaltene Forderung nach einem den gesetzlichen Mindestforderungen entsprechenden unternehmenseigenen „Code of Ethics" auf Deutschland übertragen, so sollte nicht das Aktiengesetz der Ort sein, sondern ein für alle Kaufleute geltendes Gesetz. Ein Ethik-Kodex für anständiges Verhalten im Wirtschaftsleben kann nicht nur für Unternehmen gelten, die in einer bestimmten Rechtsform geführt werden.

B. Kinderstube und Gesetz

Man sollte allerdings ganz grundsätzlich fragen, ob es überhaupt einer gesetzlichen Regelung eines Ethik-Kodex bedarf. Ein „Moral-Kodex" müsste eigentlich in einer von der Tradition des christlichen Abendlandes geprägten Gesellschaft überflüssig sein. Insbesondere das von Albach in der Einführung zu diesem Heft angeführte Beispiel eines amerikanischen Unternehmens zeigt, daß hier nur Selbstverständlichkeiten eines fairen Umgangs miteinander aufgeschrieben wurden.

Da es jedoch zunehmend mehr Menschen gibt, die diesen an sich selbstverständlichen Anstand in ihrer Kinderstube nicht mehr gelernt haben und die um eines kurzfristigen (scheinbaren) Erfolges wegen den bequemen Weg über Täuschung und Unwahrheit gehen und damit – bis die Realität sie einholt – oft beträchtliches Unheil anrichten, wäre es vielleicht einen Versuch wert, solche Selbstverständlichkeiten erneut aufzuschreiben.

C. Ethics Code und Corporate Governance Code

Ein Ethics Code ist etwas anderes als ein Code of Good Corporate Governance. Ersterer richtet sich an die Mitarbeiter eines Unternehmens und dabei vor allem an die Vorstände und Leitenden Mitarbeiter. Er verspricht den Partnern der Unternehmen und der Öffentlichkeit, daß die Personen, für die der Moral-Kodex gilt, sich in den Beziehungen zu ihnen anständig verhalten werden, insbesondere nicht bestechen, die Menschen in und außerhalb des Unternehmens diskriminierungsfrei behandeln und Transparenz gegenüber ihren Partnern hinsichtlich ihrer Produkte und ihrer finanziellen Beziehungen üben.

Ein Corporate Governance Code dagegen legt die Aufgaben- und Machtverteilung zwischen den Leitungsgremien des Unternehmens offen. Natürlich gilt ein Moral-Kodex auch für die Beziehungen zwischen den Mitgliedern in diesen Gremien, aber er spricht eben andere Themen an als der Governance-Kodex.

D. Ethics Code und Gesetz

Gesetze enthalten moralische Mindestnormen und belegen Verstöße dagegen mit Rechtsfolgen (Strafe, Haftung, Haft). Ein Ethics-Code müsste über diese Mindestnormen hinausgehende Forderungen der Sittlichkeit und des anständigen und fairen gesellschaftlichen Umgangs enthalten. Bei seiner Formulierung müsste der in der neueren Gesetzgebung zu beobachtende Hang, alle möglichen Eventualitäten kasuistisch zu regeln, vermieden und der Mut zu einigen wenigen wohlformulierten Generalklauseln gefunden werden.

E. Ethics Code und kriminelle Energie

Die kriminelle Energie, die sich in einigen der Skandale der jüngeren Zeit offenbart hat, lässt sich durch Ethics-Codes nicht an der Entladung verhindern. Die Akteure dieser Skandale haben wohl an nichts anderes als an sich selbst und ihren Vorteil gedacht. Sie wären auch durch einen förmlichen Kodex nicht von ihrem Tun abgehalten worden. Bemerkenswert ist allerdings, daß sie auch rechtlich selbständige Mittäter gefunden haben. Vielleicht könnte ein Ethics-Code diesen den Rücken stärken. Eigentlich hätten diesen aber schon die eigene Vernunft – ohne eine Berufung auf einen Ethics Code – helfen können: Die Kosten einer Entscheidung zugunsten der *Aufrechterhaltung* der Reputation sind allemal niedriger als die Kosten der *Wiederherstellung* der Reputation. Das wusste Robert Bosch, als er sagte: „Lieber Geld verlieren als Vertrauen", und das wissen alle diejenigen, die eine gute Kinderstube gehabt haben: „Ist der Ruf mal ruiniert, lebt es sich ganz ungeniert" (d.h., lebt es sich ganz ohne jeden Zwang, sich anständig zu verhalten, weil ein solcher Zwang doch nichts mehr nützt).

F. Ethics Code und Moral-Apostel

Wer, so bleibt zu fragen, hat überhaupt die moralische Kompetenz und auch die moralische Akzeptanz, einen Code of Ethics der Sittlichkeit mit allgemeiner Verbindlichkeit zu erlassen? Wie der Beitrag von Mertes in diesem Heft zeigt, wird von der Bevölkerung in Europa nur der christlichen Kirche die Kompetenz, aber auch die moralische Autorität zugetraut, sich in Fragen der Moral – und das heißt ja auch: der Unternehmensethik – allgemeinverbindlich zu äußern. Das sollte sicherlich alle diejenigen, die Regierungskommissionen bilden mit dem Auftrag, einen Kodex zu formulieren, zum Nachdenken anregen.

Auch die Regierungen in Berlin und Brüssel würden sich schwer tun damit, Akzeptanz für den Erlaß eines Ethics-Code zu gewinnen. Der Aufbau eines weiteren bürokratischen Monstrums zur Überwachung der Einhaltung des Kodex wäre die Folge, und Akzeptanz könnte nur durch Androhung von empfindlichen Übeln bei Verstößen erzwungen werden.

So bleibt, wenn überhaupt, der Erlaß von unternehmensspezifischen Ethics Codes durch den Vorstand, den Aufsichtsrat oder gar die Hauptversammlung eines Unternehmens. Dieser aber brauchte nicht durch Gesetz erzwungen werden. Er wäre als Orientierungshilfe nach innen und als Anstandsversprechen nach außen im Wettbewerb um gute Mitarbeiter und loyale Lieferanten, Kunden und Geldgeber auch ökonomisch sinnvoll.

Korruptionsbekämpfung bei der Deutschen Bahn AG

Von Margret Suckale

Eingegangen: 7. Juni 2005

Dr. iur. Margret Suckale, Mitglied des Vorstandes der Deutsche Bahn AG, Potsdamer Platz 2, 10785 Berlin

ZfB
ZEITSCHRIFT FÜR BETRIEBSWIRTSCHAFT

A. Einleitung

Bestechung und Bestechlichkeit waren bis vor einigen Jahren in Deutschland ein Tabu. Nicht zuletzt die hohe Anzahl der in letzter Zeit bundesweit in Verwaltung und Wirtschaft aufgedeckten Korruptionsfälle zeigt jedoch, dass es sich nicht um vereinzelte Phänomene handelt. Der Gesetzgeber hat 1997 mit der Verabschiedung der Korruptionsbekämpfungsgesetzes auch rechtliche Konsequenzen daraus gezogen und viele Strafvorschriften verschärft. Nach Auffassung von Transparency International hat Deutschland im internationalen Vergleich aber noch nicht genug getan. Nicht gerade vorbildlich schneidet Deutschland daher auch beim Vergleich des von TI jährlich erhobenen Korruptionsindexes ab, obwohl sich Deutschland in 2004 mit Platz 15 um einen Platz gegenüber 2003 und sogar um drei gegenüber 2002 verbessern konnte.[1]

Wie die meisten Übel entsteht Korruption nicht über Nacht. Häufig fängt es mit einer harmlos erscheinenden Einladung an, mit kleinen Geschenken oder sonstigen Dingen, mit denen der Auftragnehmer seinem Vertragspartner das Leben angenehmer machen will. Nach und nach vergrößern sich Umfang und Größe der Leistungen: Mit dem sogenannten „Anfüttern“ testet, der Geber mehr oder weniger behutsam die Aufgeschlossenheit seines Gegenübers. Am Ende stehen häufig Freiheitsstrafen und zivilrechtliche Schadensersatzforderungen in erheblicher Höhe.

Durch Korruption entstehen in deutschen Betrieben jedes Jahr Milliardenschäden, von dem Imageschaden einmal ganz abgesehen. Dennoch gibt es leider immer noch sehr wenige Unternehmen, die sich dem Thema systematisch gestellt und ein Korruptionsbekämpfungsprogramm ins Leben gerufen haben. Die Deutsche Bahn AG hat die Herausforderung schon vor fünf Jahren angenommen und dadurch nicht nur viel Lob erhalten, sondern ihr Risiko, durch Korruptionstatbestände erheblich geschädigt zu werden, erheblich begrenzt.

B. Die Rolle von Unternehmensleitungen und Führungskräften

Nur ein konsequentes Vorgehen gegen Korruption durch die Unternehmensleitung erzeugt die notwendige Signalwirkung nach innen und außen. Eine Reihe von Indizien kündigen korrupte Handlungen auch dem Außenstehenden, insbesondere dem Vorgesetzten, regelmäßig an: Empfängt ein Mitarbeiter Kunden oder Auftraggeber immer nur allein, häufig auch außerhalb seiner Büroräume? Achtet er besonders darauf, dass ausschließlich er mit dem Kunden spricht oder dessen Auftrag bearbeitet? Hat er keine nachvollziehbare oder nur eine lückenhafte Aktenablage oder verstößt er gegen das Vier-Augen-Prinzip, indem er Vereinbarungen und Schreiben allein und außerhalb seiner Kompetenzen unterzeichnet? In all diesen Fällen ist höchste Vorsicht geboten, denn der Mitarbeiter könnte in korruptive Machenschaften verwickelt sein.

Zunächst einmal ist es der Vorgesetzte, der im Rahmen seiner Führungspflichten den Ursachen auf den Grund gehen muss. Verschließt eine Führungskraft aber in einer solchen Situation die Augen, macht sie sich möglicherweise mitschuldig und zwar nicht nur in moralischer, sondern auch in strafrechtlicher Hinsicht. Dies ist eine für den Vorgesetzen äußerst schwierige Situation. Wichtig ist es daher, dass sich die Unternehmensleitung hier eindeutig positioniert und ihr klares Engagement für eine umfassende Korruptionsbekämpfung erklärt, um dadurch der Führungskraft den Rücken zu stärken. Denn hier hilft es nicht, wenn Geschäftsleitungen Korruptionsfälle unter den Teppich kehren oder augenzwinkernd dulden, in der Hoffnung, das Unternehmen vor einem Imageschaden zu bewahren. Hilfreich ist allein ein klares Bekenntnis zu einer rückhaltlosen Aufklärung, entsprechenden arbeitsrechtlichen und schadensersatzrechtlichen Konsequenzen und leicht verständliche Verhaltensrichtlinien mit eindeutigen Handlungsanweisungen für Mitarbeiter und Vorgesetze.

C. Korruptionsbekämpfung bei der Bahn

Auslöser des Antikorruptionsprogramms der Bahn war ein spektakulärer Fall, der später zur Verhaftung von zwei Bahnmitarbeitern führte. Einem Bahnoberrat war vorgeworfen worden, über längere Zeit regelmäßig drei Prozent der Auftragssumme bei Projekten zur Schienensanierung von den Auftragnehmern eingefordert zu haben. Auf diesen bereits seit dem Frühjahr 2000 bei der Staatsanwaltschaft vorliegenden Fall, reagierte der Vorstand der Bahn offensiv und benannte Mitte 2000 zwei Rechtsanwälte als externe Ombudsleute, die seitdem Hinweisgebern bei Korruptionsverdacht als neutrale und vertrauenswürdige Kontaktpersonen zur Verfügung stehen. Außerdem wurde bei der Deutschen Bahn eine zentrale Zuständigkeit „Compliance“[2] geschaffen. Ein gleichzeitig eingerichteter Lenkungskreis „Compliance“ befasst sich nicht nur mit allen Formen von Korruptionsdelikten, sondern auch mit Straftaten gegen den Wettbewerb wie z. B. Preisabsprachen, Betrug, Untreue aber auch mit groben Schlampereien und Misswirtschaft. Der Lenkungskreis besteht aus verantwortlichen Mitarbeitern aus den Bereichen Recht, Interne Revision, Konzernsicherheit und Personal. Der Lenkungskreis hat sich eine Geschäftsordnung gegeben, die verbindliche Regeln und Zuständigkeiten festlegt. In monatlich stattfinden Sitzungen werden aktuelle Fälle besprochen, aber auch disziplinarische und strafrechtliche Maßnahmen festgelegt. Von Bedeutung ist in diesem Zusammenhang, dass der Lenkungskreis vom Vorstand ermächtigt wurde, seine Entscheidungen notfalls auch ohne vorherige Zustimmung der Linienverantwortlichen zu treffen. Im Regelfall erfolgt jedoch eine Abstimmung mit den verantwortlichen Vorgesetzten.

Nach der ersten Kontaktaufnahme eines Hinweisgebers mit dem Ombudsmann per Telefon oder Brief vereinbaren die Ombudsleute in der Regel persönliche Besprechungstermine, deren Inhalt jedoch strikt vertraulich behandelt wird. Erst nach ausdrücklicher Freigabe durch den Hinweisgeber darf der Ombudsmann seine Informationen an den Lenkungskreis Compliance weitergeben. Die vertrauliche Behandlung von Informationen schützt die Hinweisgeber vor möglichen Repressalien ihrer Kollegen oder Vorgesetzten. Dies gilt vor allem bei der Verstrickung mehrerer Personen in einen Korruptionsfall. Natürlich ist die Aufklärungsmöglichkeit stark eingeschränkt, wenn der Hinweisgeber anonym bleiben möchte. Allerdings konkretisieren sich Verdachtsmomente nicht selten durch mehrere Hinweise aus verschiedenen Quellen - kleine Mosaiksteinchen, die irgendwann ein klares Bild ergeben.

Die meisten Sachverhalte, die den Ombudsleuten bekannt werden, betreffen Fälle persönlicher Bereichung, Veruntreuung von Bahneigentum und Bestechlichkeit von Bahnmitarbeitern. Zunehmend kommen allerdings auch Fälle von Abrechnungsbetrügereien hinzu, in denen mithilfe so genannter Luftrechnungen dem Auftragnehmer nicht zustehende Zahlungen erschlichen werden. Infolge von kollusivem Verhalten zwischen Auftragnehmer und prüfenden Bahnmitarbeitern ist es nicht immer leicht, diese Fälle rechtzeitig festzustellen. Auffällig ist darüber hinaus die zunehmende Zahl von Preiskartellen zum Nachteil der Deutschen Bahn.

D. Enge Zusammenarbeit mit den Staatsanwaltschaften

Zwischen den Ermittlungsbehörden und dem Compliance Team der Deutschen Bahn AG hat sich über die letzten Jahre eine gute und vertrauensvolle Zusammenarbeit entwickelt. Nicht selten bitten die Staatsanwaltschaften die Mitglieder des Lenkungskreises Compliance, die polizeilichen oder staatsanwaltschaftlichen Ermittlungen zu unterstützen. Ermittlungsteams der Revision und Konzernsicherheit wirken nicht nur bei Durchsuchungen mit, sie unterstützen die Strafverfolgungsbehörden auch bei der Auswertung der sichergestellten Beweismittel. Der Vorteil für die Bahn liegt hierbei auf der Hand, da die gesetzlichen Möglichkeiten der Schadenswiedergutmachung immer öfter schon im Ermittlungs- oder Strafverfahren genutzt werden können. Dank ihrer gesetzlich verankerten Opferschutzfunktion konnten die Staatsanwaltschaften gesicherte Vermögenswerte in vielen Fällen zu Gunsten der geschädigten Bahn freigeben. Auch durch Geldbußen oder Bewährungsauflagen war in einigen Fällen eine weitergehende Schadenswiedergutmachung zu Gunsten der Bahn möglich.

Allerdings sind die Verfolgungsbehörden regelmäßig nicht mit den notwendigen personellen und finanziellen Ressourcen ausgestattet. Hinzu kommt, dass die Staatsanwaltschaften über zu wenig Schwerpunktsstaatsanwaltschaften für die Korruptionsbekämpfung verfügen und die wenigen vorhandenen nicht die notwendige zentrale Vernetzung besitzen.

E. Präventionsmaßnahmen

Ebenso wichtig wie die konsequente Aufklärung von Korruptionsfällen sind aber Maßnahmen im Vorfeld vorwerfbaren Verhaltens. Die vom Vorstand im März 2000 für die Mitarbeiter der Deutschen Bahn aufgestellten Verhaltensrichtlinien geben dabei eine klare Orientierung und ziehen enge Grenzen im Umgang mit Geschäftspartnern. Einen wichtigen Beitrag zur Korruptionsbekämpfung leistet die in der Richtlinie enthaltene restriktive Zulässigkeit und konsequente Überwachung entgeltlicher Nebentätigkeiten. Nebentätigkeiten müssen dem Arbeitgeber daher angezeigt werden und bedürfen der vorherigen Genehmigung. Es hat sich gezeigt, dass eine regelmäßige Überprüfung von Nebentätigkeiten durch die Vorgesetzten ein äußerst wirksames Instrument bei der Bekämpfung von Korruption ist.

Zur Verhinderung von organisierten Netzwerken ist ein entschlossenes Vorgehen schon bei den „kleinen Einstiegsdelikten" dringend erforderlich. Allein ein konsequentes Verhalten hat die notwendige generalpräventive Wirkung. Die Entgegennahme jeglicher Zuwendungen von Dritten – einschließlich der Annahme von Einladungen – bedarf zum Beispiel generell der Zustimmung des Vorgesetzten. Überdies können Zuwendungen über einem bestimmten Euro – Betrag ohnehin nur in besonderen Einzelfällen genehmigt werden.

F. Adressaten der Korruptionsbekämpfung

Der Adressatenkreis bei der Korruptionsprävention beschränkt sich nicht nur auf Deutsche Bahn Mitarbeiter, sondern schließt die Geschäftspartner der Bahn mit ein. Aus diesem Grunde wurden Auftragnehmer und Auftraggeber der Bahn immer wieder über das Aktionsprogramm zur Korruptionsbekämpfung informiert und um Unterstützung im Kampf gegen korruptes Verhalten gebeten. Durch die Aufnahme einer Integritätsklausel in die Einkaufsbedingungen der Bahn, die in Fällen von Korruption durch Vertreter der Auftragnehmer Kündigungsrechte für die Bahn begründet, wird dieser Forderung Nachdruck verliehen.

Schulungs- und Informationsveranstaltungen zum Thema Korruption belegen, dass ein großes Interesse von Mitarbeitern und Vorgesetzen besteht, von den Erfahrungen der eingesetzten Compliance Spezialisten zu lernen. Bereichsübergreifende Informationsveranstaltungen werden auch künftig das Bewusstsein für Korruptionssachverhalten schärfen und zur konsequenten Aufklärung von Verdachtsfällen beitragen. Nach Informations- und Schulungsveranstaltungen ist regelmäßig ein Anstieg der bei den Ombudsleuten eingehenden Hinweise zu beobachten.

G. Wirksames Mittel - Vergabesperren

Nach langwierigen Verhandlungen, die vor allem mit Vertretern der Bauwirtschaft zum Teil sehr kontrovers geführt wurden, konnte im Jahr 2003 eine neue Vergaberichtlinie für alle Gesellschaften des Deutsche Bahn Konzerns verabschiedet werden. Danach kann eine befristete Vergabesperre gegenüber einem potentiellen Auftragnehmer ausgesprochen werden, falls schwere Verfehlungen gegen die Regeln des ordentlichen Wettbewerbs vorliegen. Bei dieser Richtlinie handelt es sich nicht nur um eine notwendige Ergänzung der Arbeit des Lenkungskreise Compliance sondern vor allem auch um ein sehr wirkungsvolles Mittel im Kampf gegen Wirtschaftskriminalität und Korruption. Die Anordnung der Vergabesperre wird vom Entscheiderkreis Vergabesperre beschlossen, dem der Generalbevollmächtigte Technik/Einkauf, der Leiter der Innenrevision und dem Compliance Beauftragten angehören. Der große Widerstand von einigen betroffenen Unternehmen gegen diese Sanktionierung hat gezeigt, dass es sich bei dem inzwischen etablierten System der Vergabesperre um ein sehr wirkungsvolles Instrument im Kampf gegen die Korruption handelt. Mit den Grundrechten der betroffenen Bieter und Interessenten ist dieses Vorgehen durchaus vereinbar und daher in keiner Weise rechtsstaatlich zu beanstanden. Das in den Richtlinien festgelegte Vorgehen entspricht auch der Regelung des Ausschlusses in den Verdingungsordnungen und der hierzu vorliegenden Rechtsprechung.[3] Insbesondere entsprechen das Erfordernis der Zuverlässigkeit und die Ausschlussmöglichkeit von Unternehmen, bei denen erhebliche Anhaltpunkte für eine schwere Verfehlung bestehen, die ihre Zulässigkeit als Bewerber in Frage stellt, den Anforderungen an ein sachgerechtes Vorgehen,[4]

Die Dauer einer Auftragssperre richtet sich in entscheidendem Maße nach der Schwere der Tat, der Höhe des Schadens, der Kooperationsbereitschaft des betroffenen Unternehmens sowie der Schadenswiedergutmachung.

H. Konsequenz zahlt sich in jedem Fall aus

Der Erfolg der Korruptionsbekämpfung ist auch in Zahlen messbar. Bis heute hat der Lenkungskreis Compliance in fast 400 Fällen die Ermittlungen aufgenommen. Ungefähr zwei Drittel dieser Fälle gehen auf Hinweise zurück, die die Ombudsleute erhalten haben. Die übrigen Fälle wurden durch interne Ermittlungen oder durch Hinweise bekannt, die direkt an die Mitglieder des Lenkungskreises Compliance herangetragen wurden. Aufgrund der Hinweise wurden in mehr als 100 Fällen staatsanwaltschaftliche Ermittlungsverfahren eingeleitet. Davon sind mehr als ein Drittel abgeschlossen, häufig durch strafrechtliche Urteile mit mehrjährigen Freiheitsstrafen für die Betroffenen.

Einen betrieblichen Schwerpunkt für die Korruptionsstraftaten gibt es nicht. Die Gefahr korruptiven Verhaltens besteht vielmehr in allen Bereichen, in denen Aufträge vergeben werden. Neben den konkreten Aufklärungserfolgen kann die generalpräventive Wirkung dieser Erfolge nicht hoch genug bewertet werden: Mitarbeitern wird dadurch regelmäßig vor Augen geführt, wohin korruptes Verhalten führen kann. Nicht selten können Mitarbeiter noch rechtzeitig ihr Verhalten korrigieren.

I. Ausblick

Die Bahn hat den Kampf gegen die Korruption konsequent aufgenommen, und zwar trotz der Tatsache, dass die Fälle öffentlich werden, weil die Ermittlungsbehörden bei begründetem Anfangsverdacht einschaltet werden. Die daraus resultierende Berichterstattung ist nicht immer angenehm für ein Unternehmen. Die Korruptionsbekämpfungsoffensive der Bahn wird jedoch fast überall anerkannt und in den Medien und der Öffentlichkeit als vorbildlich dargestellt. So lobte eine Arbeitsgruppe der OECD in ihrem Mitte 2003 veröffentlichen Prüfungsbericht ausdrücklich die konsequente Verfolgung von Korruption bei der Bahn. Insbesondere die Einrichtung zweier von der Unternehmensleitung unabhängiger Ansprechpartner, der Ombudsleute, wurde anerkennend erwähnt. Immer öfter informieren sich andere Unternehmen, aber auch ausländische Delegationen, beispielsweise aus südosteuropäischen und ostasiatischen Länder, über die Mittel der Korruptionsbekämpfung bei der Deutschen Bahn.

Nur wenn die Beschäftigten und die Geschäftspartner wissen, dass ein Unternehmen im Fall von Korruption kompromisslos handelt, wird die notwendige Abschreckung erzeugt. Dazu gehört auch die öffentliche Berichterstattung, so schmerzlich sie für ein Unternehmen im Einzelfall auch sein mag. Nur derjenige kommt über kurz oder lang in Sachen Korruption aus den Schlagzeilen, der sie weit gehend ausmerzt. Korruption ist kein Kavaliersdelikt und auch kein Akquisitionsinstrument. Es wäre hilfreich, wenn weitere Unternehmen der Deutschen Bahn auf ihrem Weg der Korruptionsbekämpfung folgen würden.

Anmerkungen

1 Transparency International Corruption Perceptions Index (CPI) 2004 (TI-Korruptionsindex), http://www.transparnecy.org
2 Der Begriff bedeutet wörtlich übersetzt „Übereinstimmung, Einhaltung, Befolgung“
3 Jost Pietzcker, NZBau 2004, Heft 10; LG Frankfurt, NZBau .....
4 i. S. von Art. 3 Abs. 1 GG.

To Ethics, or Not to Ethics: That is the Question…

Von Hans-Otto Lochmann

Eingegangen: 12. Juni 2005

Dr. Hans-Otto Lochmann, Partner, Baumann Unternehmensberatung,
Hanauer Landstraße 220, 60314 Frankfurt am Main

ZfB
ZEITSCHRIFT FÜR
BETRIEBSWIRTSCHAFT

A. Der Sarbanes-Oxley Act

In Abschnitt 406 des Sarbanes-Oxley Act von 2002 wird definiert[1], dass für Senior Financial Officers ein „Code of Ethics" festgelegt werden soll, der sich auf zwei Themenkreise bezieht:

1. Das ordnungsgemäße und ethisch einwandfreie Verhalten der Senior Financial Officers (»... honest and ethical conduct, including the ethical handling of actual or apparent conflicts of interest between personal and professional relationships ... «).
2. Die Qualität der Berichterstattung (»... full, fair, accurate, timely, and understandable disclosure ... [in] compliance with applicable governmental rules and regulations.«).

Wie die Urschriften, auf denen diese Berichte basieren, zu erstellen sind, wird an anderer Stelle des Sarbanes-Oxley Act[2] festgelegt[3].

Während der im Abschnitt 406 geforderte „Code of Ethics" sich auf alle Handlungen der Senior Financial Officers bezieht, fehlt eine vergleichbare Forderung nach einem „Code of Ethics" für alle übrigen „Officers" im Management des Unternehmens. Folgerichtig wird der Sarbanes-Oxley Act als die weitaus wichtigste Änderung der amerikanischen Bundesgesetze für die Rechnungslegung für Unternehmen angesehen, die an amerikanischen Börsen notiert sind[4].

Nach meinem Verständnis ist es aber nicht zu akzeptieren, dass die Führungsmannschaft eines Unternehmens in zwei Klassen unterteilt wird, nämlich in die Klasse der „Financial Officers", für die die o.g. Ethik-Kodices gelten, und die übrigen, für die dann andere Kodices gelten oder solche erst gar nicht aufgestellt werden. Also sollten für alle Mitglieder der Führungsmannschaft die gleichen Ethik-Kodices gelten, was auch zumindest im Lande des Sarbanes-Oxley Act ähnlich gesehen wird[5]. Dies findet seinen Ausdruck darin wieder, dass zumindest das Management von börsennotierten Unternehmen die Bilanzen der von ihnen geführten Unternehmen mit ihrer Unterschrift abzeichnen muß.

Unter dieser Prämisse möchte ich nachstehend zu der vom Herausgeber aufgeworfenen Fragen Stellung nehmen, ob neben dem Kodex guter Corporate Governance ein „Code of Ethics" (= Ethik-Kodex) sinnvoll sein und welche Forderungen in einem solchen Ethik-Kodex enthalten sein sollten.

B. Der Sinn eines Moral-Kodex

Meine Antwort auf diese Frage ist ein einfaches Ja, mit dem klassischen „Aber"-Zusatz: Ein solcher Ethik-Kodex scheint mir nur unter bestimmten Bedingungen Sinn zu machen, die ich nachstehend aufführen werde.

I. Der Begriff: Ethisches Verhalten

Zunächst einmal eine Klarstellung, was ich hier unter dem Begriff „Ethik" verstehe:

Ethik ... [bezeichnet] einen seit der Antike zentralen Bereich der Philosophie, der die Frage zu beantworten sucht, an welchen Werten und Normen, Zielen und Zwecken die Menschen ihr Handeln orientieren sollen ...[6]

II. Ethik-Kodex nur für börsennotierte Unternehmen?

Ich habe den Eindruck, dass zur Zeit mit großer Verve über Ethik-Kodex und Corporate Governance ausschließlich nur für börsennotierte Unternehmen gesprochen wird. Das erinnert mich an das Gleichnis mit dem Balken und dem Splitter[7] in der Bibel, also eine recht alte, typisch menschliche Verhaltensweise.

Nach meiner Ansicht gibt es keinen Grund, einen Ethik-Kodex nur für börsennotierte Unternehmen zu fordern und nicht auch zugleich für alle anderen Körperschaften (= Corporations) zu fordern, beispielsweise Gewerkschaften, Krankenkassen, ARD-Rundfunkanstalten, BfA, oder für die zahlreichen Organe, die zur Verwaltung des Staates existieren, von der Bundeswehr bis zu den zahlreichen Ministerien und „nachgeordneten" Behörden, wie Finanzämter, Polizei oder Schulen[8]. Denn auch alle diese Einheiten haben auch einen „Zweck" und haben Ziele. Beispielsweise verwalten sie Geld, das anderen Menschen gehört, sie sammeln Geld ein, um es zum Nutzen anderer wieder „sinnvoll" auszugeben oder sie bilden Menschen aus. Auch diese Einheiten werden von Menschen betrieben, die der Orientierung bedürfen, ob ihr Handeln zweckkonform ist oder nicht.

Um es klar zu sagen: Einen Ethik-Kodex ausschließlich für börsennotierte Unternehmen zu schaffen, wäre nach meiner Ansicht völlig sinnlos. Aber als Anfang einer breiten Bewegung, solche Ethik-Kodices für alle Körperschaften und für alle Staatsorgane zu schaffen, wäre ein Ethik-Kodex der börsennotierten Unternehmen allerdings als vorbildschaffender Akt sehr sinnvoll.

III. Allgemeingültige Werte und Normen, Ziele und Zwecke

Werte und Normen eines Ethik-Kodex münden letztlich in Verhaltensvorschriften, die den Menschen eine Orientierungshilfe für ihre Handlungen geben. Handlungen aber wiederum verfolgen immer einen Zweck, sollen also ein Ergebnis bewirken. Daher sollten die Korrelationen zwischen den „Zwecken" und „Normen", die in den Ethik-Kodex einfließen, sorgfältig beachtet werden[9]. Es genügt eben nicht, einen Ethik-Kodex auf die Forderung zu beschränken, die geltenden Gesetze eines Landes einzuhalten. Diese sind so verfasst, dass sie für alle Lebenslagen Gültigkeit haben, was ja auch letztlich ihren Sinn ausmacht. Alle Korporationen (s.o.) verfolgen einen bestimmten Zweck bzw. Ziel, dessen Einhaltung Vorrang vor allen anderen Handlungen hat - vorausgesetzt, dieser Zweck bzw. das Ziel sind im Rahmen der allgemeingültigen Gesetze zugelassen.

Und: Auf welche Gesetze wäre im Ethik-Kodex einer Unternehmung Bezug zu nehmen, wenn es in vielen Ländern der Welt mit z. T. sehr unterschiedlichen Gesetzgebungen tätig ist?

Also ist es der Sinn eines Ethik-Kodex, einen Canon von Verhaltensnormen zu schaffen, der das Erreichen eben dieser Ziele der Korporation wirkungsvoll unterstützt. Allerdings setzt das voraus, dass der Ethik-Kodex die nachfolgend aufgeführten Bedingungen erfüllt, wenn er in der Praxis im Tagesgeschäft angewendet werden soll:

IV. Rangordnung und Behandlung von Paradoxien

Die von Menschen geschaffenen Werte und Normen sind nun einmal nicht frei von Paradoxien und Widersprüchen, eine seit mehr als 2000 Jahren bekannte Problematik[10]. Ein Ethik-Kodex sollte daher auch eine Rangordnung für die enthaltenen Werte und Normen vorgeben, da er ansonsten mehrdeutig wird, d. h. nicht mehr zur eineindeutigen Orientierung von Handlungen dienen kann, also im wahrsten Sinne des Wortes „sinnlos“ wird.

V. Übereinstimmung von Kultur(en) und Ethik-Kodex

Die Menschheit hat - aus welchen Gründen auch immer - verschiedene Kulturkreise mit unterschiedlichen Normen und Werten entwickelt. Das war so lange kein Problem, wie diese Kulturkreise getrennt voneinander lebten. Nun sind die Menschen aber dank Schiffen/Automobilen/Flug-zeugen/Telefon/Internet eng zusammengerückt. Ein Ethik-Kodex einer Unternehmung sollte daher zumindest die Kulturkreise respektieren, in denen das Unternehmen tätig ist, und - je nach Situation - auch Regeln enthalten, wie nichtkompatible Kulturelemente handzuhaben sind.

VI. Hierarchie-unabhängiger Gültigkeitsbereich

Ein Ethik-Kodex sollte für allen Menschen (und auch für die von ihnen erstellten bzw. kontrollierten Prozesse, einschließlich der automatisch ablaufenden) gelten, die in einer Organisation tätig sind, und zwar unabhängig von Ihrer Rangstellung und Ihrer organisatorischen Einbindung. Daraus folgt aber auch, dass die Maßstäbe, zumindest ihre Grundelemente, unabhängig davon sein müssen, ob jemand, der seine Handlungen nach dem Ethik-Kodex ausrichtet, viel oder wenig Macht hat, und ob seine Tätigkeit einem großen oder kleinen Anteil an Fremdbestimmung hat.

VII. Bildungs-unabhängige Formulierung des Ethik-Kodex

Ein Ethik-Kodex sollte Maßstäbe enthalten, die überprüfbar sind, d. h. ein Verstoß gegen die Bestimmungen des Ethik-Kodex sollte „bemerkbar“ sein. Ein jeder, für den der Ethik-Kodex gilt, sollte in jeder Situation zweifelsfrei erkennen können, ob er sich mit seinen Entscheidungen und Handlungen noch innerhalb des Geltungsbereichs des Ethik-Kodex bewegt oder nicht.

Da ein Ethik-Kodex nun nicht konkrete Regeln für jede denkbare Situation enthalten kann, folgt daraus, dass die Regeln abstrakt formuliert werden müssen. Trotzdem müssen diese Regeln für jedermann verständlich und anwendbar sein und zwar unabhängig vom Schul-, Studienabschluss, Werdegang, Lebenserfahrung usw.

VIII. Sanktionierungsfähigkeit

Das Einhalten der Regeln eines Ethik-Kodex muss erzwungen werden können, ansonsten ergeht es dem Ethik-Kodex wie den Geschwindigkeitsbegrenzungen: Diese werden an den Ortseingängen erst seit der Zeit genau eingehalten, seitdem anderenfalls erhebliche Strafen zu befürchten sind[11]. Ob auch das Einhalten der Regeln des Ethik-Kodex belohnt werden soll (eigentlich eine logische Konsequenz), sollte ebenfalls abgewogen werden.

Wie solche Sanktionsmechanismen aufgebaut werden sollten, kann ich hier nicht ohne konkreten Bezug diskutieren. Aber auch hier gibt es bereits Vorbilder (s.u.)

IX. Ziviler Ungehorsam

Ein Ethik-Kodex sollte regeln, wie sich ein Mensch verhalten kann/darf/soll, wenn eine ihm erteilte Anweisung gegen den Ethik-Kodex verstößt bzw. wenn dieser Mensch meint, dass eine ihm erteilt Anweisung gegen den Ethik-Kodex verstoßen würden: Muss er diese Anweisung ausführen oder darf er zivilen Ungehorsam üben? Wie kann verhindert werden, dass durch Missbrauch einer solchen Regelung jede Art von ordnungsgemäßer Geschäftstätigkeit unmöglich gemacht wird? Was geschieht, wenn Gefahr im Verzug ist und unverzüglich gehandelt werden muss?

X. "Whistle-Blower"

Ein Ethik-Kodex sollte expressis verbis Regelungen enthalten, die allen, die diesem Ethik-Kodex unterliegen, nicht nur das Recht, sondern auch die Pflicht auferlegen, Verstöße gegen die Regeln des Ethik-Kodex aufzuzeigen. Zweifellos ist dies ein sehr schwieriger Abschnitt, berührt er doch gerade die Situation, dass ein Untergebener das Fehlverhalten eines Vorgesetzten (oder besser gesagt, eines Mächtigeren) „aufzeigen" muss.

Der „Whistle-Blower" bedarf ebenso wie derjenige, der zum zivilen Ungehorsam Zuflucht nimmt (vgl. vorherigen Abschnitt), eines „Zufluchtortes", um ihn vor der Rache der Bloßgestellten zu schützen. Es sind daher nicht nur die entsprechenden Regeln für das „Whistle-Blowing" (oder die Handhabung des zivilen Ungehorsams) zu kreieren, es muss auch eine Kultur geschaffen werden, die das „Whistle-Blowing" als ehrenhaftes Verhalten zum Nutzen der Gesamtheit etabliert.

XI. Länge des Textes des Ethik-Kodex

Der Ethik-Kodex sollte nicht nur von jedermann gelesen und verstanden werden können, sondern er sollte auch auswendig gelernt und im Tagesgeschäft angewendet werden können. Daher sollte der Text in einer für jedermann verständlichen Sprache verfasst werden, und er sollte auch möglichst kurz sein. Ich denke, er sollte maximal 10 Seiten umfassen, besser wären 3 oder 5 Seiten.

Der Text sollte stringent auf den Unternehmenszweck fokussiert formuliert werden und dadurch eine möglichst große Identität zwischen dem Tagesgeschäft und dem Ethik-Kodex herstellen.

C. Abschließende Bemerkung

Es gibt zahlreiche Beispiele zur Umsetzung dieser Gedanken. Da aber auch noch die Frage zu beantworten ist, welche moralischen Mindeststandards in den Ethik-Kodex eines international tätigen Unternehmens aufgenommen werden sollten, habe ich als Beispiel zwei international tätige Unternehmen herausgesucht, die mir bei meinen Internet-Recherchen aufgefallen sind.

Die italienische Generali Gruppe hat einen Ethik-Kodex im Internet veröffentlicht. Die von der Generali Gruppe Schweiz veröffentlichte deutsche Version[12] hat zwar insgesamt 10 Textseiten (plus 3 Seiten Titelblatt usw.), aber sie erfüllt alle meine zuvor genannten Forderungen, insbesondere auch die Forderungen 7, 8 und 9.

Die Siemens AG hat ebenfalls einen Ethik-Kodex[13] im Internet veröffentlicht, allerdings nur einen »Code of Ethics for Financial Matters«, der sich nur auf die mit der Finanzberichterstattung beauftragten Vorstandsmitglieder und Mitarbeiter des Konzerns in aller Welt bezieht. Allerdings hat Siemens für alle verbindliche »Business Conduct Guidelines« veröffentlicht, die wesentlich umfassender sind als der Ethik-Kodex der Generali Gruppe und denen vor allem international anerkannte Rechtsnormen zugrunde gelegt wurden[14]. Leider fehlen klare Regelungen für die in meinen Forderungen 7, 8 und 9 angesprochenen Themen[15].

Anmerkungen

1 »The Sarbanes-Oxley Act of 2002 Section 406 — Code of Ethics for Senior Financial Officers

a. *Code of Ethics Disclosure.* The Commission shall issue rules to require each issuer, together with periodic reports required pursuant to section 13(a) or 15(d) of the Securities Exchange Act of 1934, to disclose whether or not, and if not, the reason therefore, such issuer has adopted a code of ethics for senior financial officers, applicable to its principal financial officer and comptroller or principal accounting officer, or persons performing similar functions.

b. *Changes in Codes of Ethics.* The Commission shall revise its regulations concerning matters requiring prompt disclosure on Form 8-K (or any successor thereto) to require the immediate disclosure, by means of the filing of such form, dissemination by the Internet or by other electronic means, by any issuer of any change in or waiver of the code of ethics for senior financial officers.

c. *Definition.* In this section, the term "code of ethics" means such standards as are reasonably necessary to promote–

1. honest and ethical conduct, including the ethical handling of actual or apparent conflicts of interest between personal and professional relationships;
2. full, fair, accurate, timely, and understandable disclosure in the periodic reports required to be filed by the issuer; and
3. compliance with applicable governmental rules and regulations.

d. *Deadline for Rulemaking.* The Commission shall–

1. propose rules to implement this section, not later than 90 days after the date of enactment of this Act; and

2. issue final rules to implement this section, not later than 180 days after that date of enactment.«

Auszug aus Securities Lawyer's Desk Book published by The University of Cincinnati College of Law

2 Der volle Text des Sarbanes-Oxley Act of 2002 ist verfügbar unter http://www.sec.gov/about/laws/soa2002.pdf

3 Sections 108 und 109.

4 The Laws That Govern the Securities Industry, vgl. http://www.sec.gov/about/laws.shtml

5 Letztlich führte diese Auffassung dazu, dass auch die CEOs der von Bilanzskandalen erschütterten Unternehmen wie Enron, Worldcom, Tyco oder HealthSouth angeklagt wurden; im letzteren Fall wurde der CEO, Mr. Richard Scrushy, von einem lokalen Gericht in seiner Heimatstadt Birmingham, Alabama, vom Vorwurf der Bilanzfälschung in allen 36 Punkten freigesprochen. Seine Verteidigung argumentierte, dass Scrushy von jedem seiner früheren 5 CFOs getäuscht worden sei. Seine Verteidigung erreichte außerdem, dass Scrushy nie zu dieser Feststellung unter Eid aussagen musste. Weitere Details z. B. in http://www.washingtonpost.com/wp-dyn/content/article/2005/06/28/AR2005062800838.html.

6 (c) Meyers Lexikonverlag, Bibliographisches Institut & F.A. Brockhaus AG, Mannheim 1997

7 Matthäus, Kapitel 7, Verse 3 bis 5.

8 Eine Suche in der Internet-Suchmaschine Google brachte im Juni 2005 immerhin 5.640 Hinweise zum Thema „Ethik-Kodex", wobei bei mir der Eindruck entstand, dass diese Hinweise aus vielen Bereichen des öffentlichen Lebens kommen.

9 Dies ist aus meiner Sicht der wichtigste Aspekt eines jeden Ethik-Kodexes. Beispiel: Der Zeck eines Wirtschaftsunternehmens ist es sicherlich nicht, die Anzahl der Beschäftigen zu maximieren, sondern dafür zu sorgen, dass es langfristig überleben kann. Wenn es das nicht kann, kann es auch nicht für Beschäftigung sorgen. Um also allen Bürgern einen Arbeitsplatz zu verschaffen, ist es daher die Aufgabe der Staatregierung, die wirtschaftlichen und politischen Bedingungen zu schaffen, die möglichst viele langfristig überlebensfähige Unternehmen entstehen lassen, die dann wiederum die gewünschten Arbeitsplätze schaffen werden. Auf diesem Wege können also Arbeitsplätze für alle arbeitswilligen Bürger geschaffen werden. Also gehört das Ziel „Langfristige Überlebensfähigkeit" in den Ethik-Kodex der Unternehmen und das Ziel „Für Unternehmen günstige Rahmenbedingungen zu schaffen" in den Ethik-Kodex der Staatsregierungen. Damit wäre dann endlich die Subventionierung unwirtschaftlicher Arbeitsplätze ein ethisch und damit auch moralisch verwerfliches Handeln. „Viele Unternehmen" bedeuten aber auch einen großen Ressourcenverbrauch und verursachen möglicherweise erhebliche Umwaltbelastungen. Aber auch hier kann, ideologiefreies Denken auf allen Seiten vorausgesetzt, ein vergleichbarer Weg gefunden werden. Gleiches gilt für viele weiteren Themen wie Kinderarbeit, Niedrigstlöhne in „Sweatshops" usw.

10 Das schließt aber auch das Abwägen zwischen zwei Negativ-Entscheidungen ein, wie etwa, ob ein entführtes vollbesetztes Passagierflugzeug, das droht in ein menschengefülltes Hochhaus gesteuert zu werden, abgeschossen werden soll oder nicht. Die Situation ist seit 2160 Jahren auch bekannt als die „Planke des Karneades". Also muss ein Ethik-Kodex ermöglichen, unrentable Betriebsteile zu schließen und die dort beschäftigen Menschen zu entlassen, um die langfristige Überlebensfähigkeit der rentablen Betriebsteile sicher zu stellen,

11 Seitdem die Gemeinden die Strafgelder selber behalten dürfen, haben die Hersteller solcher ortsfesten Geschwindigkeitsmesseinrichtungen gute Geschäfte gemacht.

12 http://www.generali.ch/generali/download/Ethik_Kodex_d.pdf

13 Dieser Kodex sowie alle anderen hier genannten Schriftstücke von Siemens sind bei Interesse von der Seite http://www.siemens.com/index.jsp?sdc_p=t4cz2s4uo1229196d1229141pn12291 96flmi1229198 aus herunterzuladen

14 Unter anderem die Universal Declaration of Human Rights, UNO 1948, und die European Convention for the Protection of Human Rights and Fundamental Freedoms, 1950 usw.

15 Ich danke Herrn Aleksander Filipin für die Unterstützung bei der Beschaffung diverser Literaturstellen.

Grundsätze und Ziele

Die **Zeitschrift für Betriebswirtschaft (ZfB)** ist eine der ältesten deutschen Fachzeitschriften der Betriebswirtschaftslehre. Sie wurde im Jahre 1924 von Fritz Schmidt begründet und von Wilhelm Kalveram, Erich Gutenberg und Horst Albach fortgeführt. Sie wird heute von 14 Universitätsprofessoren, die als **Department Editors** fungieren, herausgegeben. Dem **Editorial Board** gehören namhafte Persönlichkeiten aus Universität und Wirtschaftspraxis an. Die Fachvertreter stammen aus den USA, Japan und Europa.

Die ZfB verfolgt das Ziel, die **Forschung auf dem Gebiet der Betriebswirtschaftslehre** anzuregen sowie zur Verbreitung und Anwendung ihrer Ergebnisse beizutragen. Sie betont die Einheit des Faches; enger und einseitiger Spezialisierung in der Betriebswirtschaftslehre will sie entgegenwirken. Die Zeitschrift dient dem **Gedankenaustausch zwischen Wissenschaft und Unternehmenspraxis**. Sie will die betriebswirtschaftliche Forschung auf wichtige betriebswirtschaftliche Probleme in der Praxis aufmerksam machen und sie durch Anregungen aus der Unternehmenspraxis befruchten.

In der ZfB können auch englischsprachige Aufsätze veröffentlicht werden. Die Herausgeber begrüßen die Einreichung englischsprachiger Beiträge von deutschen und internationalen Wissenschaftlern. Durch die Zusammenfassungen in englischer Sprache sind die deutschsprachigen Aufsätze der ZfB auch internationalen Referatenorganen zugänglich. Im Journal of Economic Literature werden die Aufsätze der ZfB zum Beispiel laufend referiert.

Die Qualität der Aufsätze in der ZfB wird durch die Herausgeber und einen Kreis renommierter Gutachter gewährleistet. Das **Begutachtungsverfahren** ist doppelt verdeckt und wahrt damit die Anonymität von Autoren wie Gutachtern gemäß den international üblichen Standards. Jeder Beitrag wird von zwei Fachgutachtern beurteilt. Bei abweichenden Gutachten wird ein Drittgutachter bestellt. Die Department Editors entscheiden auf der Grundlage der Gutachten eigenverantwortlich über die Annahme und Ablehnung der von ihnen betreuten Manuskripte. Sie können Beiträge auch ohne Begutachtungsverfahren ablehnen, wenn diese formal oder inhaltlich von den Vorgaben der ZfB abweichen.

Die ZfB veröffentlicht im Einklang mit diesen Grundsätzen und Zielen:

- **Aufsätze** zu theoretischen und praktischen Fragen der Betriebswirtschaftslehre einschließlich von Arbeiten junger Wissenschaftler, denen sie ein Forum für die Diskussion und die Verbreitung ihrer Forschungsergebnisse eröffnet,
- **Ergebnisse der Diskussion** aktueller betriebswirtschaftlicher Themen zwischen Wissenschaftlern und Praktikern,
- **Berichte** über den Einsatz wissenschaftlicher Instrumente und Konzepte bei der Lösung von betriebswirtschaftlichen Problemen in der Praxis,
- **Schilderungen von Problemen** aus der Praxis zur Anregung der betriebswirtschaftlichen Forschung,
- **„State of the Art"-Artikel**, in denen Entwicklung und Stand der Betriebswirtschaftslehre eines Teilgebietes dargelegt werden.

Die ZfB informiert ihre Leser über **Neuerscheinungen** in der Betriebswirtschafslehre und der Management Literatur durch ausführliche Rezensionen und Kurzbesprechungen und berichtet in ihrem **Nachrichtenteil** regelmäßig über betriebswirtschaftliche Tagungen, Seminare und Konferenzen sowie über persönliche Veränderungen vorwiegend an den Hochschulen. Darüber hinaus werden auch Nachrichten für Studenten und Wirtschaftspraktiker veröffentlicht, die Bezug zur Hochschule haben. Die ZfB veröffentlicht keine Aufsätze, die wesentliche Inhalte von **Dissertationen** wiedergeben. Sie rezensiert aber publizierte Dissertationen.

Verlag

Gabler Verlag/GWV Fachverlage GmbH,
Abraham-Lincoln-Straße 46, 65189 Wiesbaden,
http://www.gabler.de
http://www.zfb-online.de
Geschäftsführer: Andreas Kösters
Verlagsleitung: Dr. Heinz Weinheimer
Programmleitung Wissenschaft: Claudia Splittgerber
Gesamtleitung Produktion: Bernhard Laquai
Gesamtleitung Vertrieb: Gabriel Göttlinger

Editor-in-Chief:
Professor Dr. Günter Fandel
FernUniversität in Hagen
Fachbereich Wirtschaftswissenschaft
58084 Hagen
E-Mail: ZfB@FernUni-Hagen.de

Anfragen an den Editor-in-Chief: Briefe an den Editor-in-Chief mit der Bitte um Auskünfte etc. können nur beantwortet werden, wenn ihnen Rückporto beigefügt ist. Von Anfragen, die durch Einsicht in die Jahresinhaltsverzeichnisse beantwortet werden können, bitten wir abzusehen.

Redaktion: Susanne Kramer, Tel.: 06 11/78 78-2 34,
E-Mail: Susanne.Kramer@Gabler.de

Annelie Meisenheimer, Tel.: 06 11/78 78-2 32, Fax: 06 11/78 78-411,
E-Mail: Annelie.Meisenheimer@Gabler.de

Abonnentenbetreuung: Doris Schöne, Tel.: 0 52 41/80 19 68,
Fax: 0 52 41/80 96 20

Produktmanagement: Kristiane Alesch, Tel.: 06 11/78 78-3 59,
Fax: 06 11/78 78-4 39, E-Mail: Kristiane.Alesch@Gabler.de

Anzeigenleitung: Christian Kannenberg, Tel.: 06 11/78 78-3 69,
Fax: 06 11/78 78-4 30, E-Mail: Christian.Kannenberg@gwv-fachverlage.de

Anzeigendisposition: Monika Dannenberger,
Tel.: 06 11/78 78-1 48, Fax: 06 11/78 78-4 30,
E-Mail: Monika.Dannenberger@gwv-fachverlage.de

Es gilt die Anzeigenpreisliste Nr. 27 vom 1. 10. 2002.

Produktion/Layout: Kerstin Gollarz

Bezugsmöglichkeiten: Die Zeitschrift erscheint monatlich. Kündigung des Abonnements spätestens sechs Wochen vor Ablauf des Bezugszeitraumes schriftlich mit Nennung der Kundennummer. Eine schriftliche Bestätigung erfolgt nicht. Jährlich können 1 bis 6 Ergänzungshefte hinzukommen. Jedes Ergänzungsheft wird den Jahresabonnenten mit einem Nachlaß von 25% des jeweiligen Ladenpreises gegen Rechnung geliefert. Kündigung des Abonnements spätestens sechs Wochen vor Ablauf des Bezugszeitraumes schriftlich mit Nennung der Kundennummer.

	Preise Inland:	Preise Ausland:
Einzelheft:	32,– Euro	40,– Euro
Studenten-*/Emeritus-Abo:	60,– Euro	78,– Euro
ausgewählte Verbände:**	144,– Euro	162,– Euro
Privat-Abo:	174,– Euro	192,– Euro
Lehrstuhl-Abo:	198,– Euro	216,– Euro
Bibliotheks-/Unternehmensabo:	348,– Euro	366,– Euro

* Studienbescheinigung
** auf Anfrage beim Verlag

Der Gabler Verlag ist ein Unternehmen von Springer Science+ Business Media.

Satzherstellung: Fotosatz-Service Köhler GmbH,
97084 Würzburg.
Druck und Verarbeitung: Wilhelm & Adam, 63150 Heusenstamm.

Gedruckt auf säurefreiem und chlorfrei gebleichtem Papier.

Printed in Germany ISSN: 0044-2372

Hinweise für Autoren

1. Bitte beachten Sie die „Grundsätze und Ziele" der ZfB.

2. Die ZfB bietet ihren Autoren die Möglichkeit der Online-Einreichung ihrer Beiträge an. Manuskripte – in deutscher oder englischer Sprache – können vom Autor unter http://mc.manuscriptcentral.com/zfb direkt in das Manuskriptverwaltungssystem eingespeist werden. Hierbei ist insbesondere auf die Wahrung der Anonymität der zur Begutachtung eingereichten Vorlagen zu achten. Der Autor verpflichtet sich mit der Einsendung des Manuskripts unwiderruflich, das Manuskript bis zur Entscheidung über die Annahme nicht anderweitig zu veröffentlichen oder zur Veröffentlichung anzubieten. Diese Verpflichtung erlischt nicht durch Korrekturvorschläge im Begutachtungsverfahren.

3. Aufsätze, die im wesentlichen Ergebnisse von Dissertationen wiedergeben, werden nicht veröffentlicht. Um die Ergebnisse von Dissertationen breiter bekannt zu machen, hat die ZfB eine Rubrik „Dissertationen" im Besprechungsteil eingeführt. Hier werden vorzugsweise Erstgutachten von Dissertationen – in entsprechend gekürzter Form – abgedruckt.

4. Alle eingereichten Manuskripte werden, wie international üblich, einem doppelt verdeckten Begutachtungsverfahren unterzogen, d.h. Autoren und Gutachter erfahren ihre Identität gegenseitig nicht. Die Gutachten werden den Autoren und den Gutachtern gegenseitig in anonymisierter Form zur Kenntnis gebracht. Jeder Beitrag wird von zwei Fachgutachtern beurteilt. Bei abweichenden Gutachten wird ein dritter Gutachter bestellt. Durch dieses Verfahren soll die fachliche Qualität der Beiträge gesichert werden. Die Department Editors entscheiden auf der Grundlage der Gutachten eigenverantwortlich über die Annahme und Ablehnung der von ihnen betreuten Manuskripte. Auch haben sie das Recht, einen Beitrag direkt abzulehnen, wenn er aus formalen und/oder inhaltlichen Gründen von den Vorgaben der Zeitschrift abweicht.

5. Die Manuskripte sind in Times New Roman, 12 Punkt, 1 1/2zeilig mit 2,5 cm Rand zu schreiben. Sie sollten nicht länger als 25 Schreibmaschinenseiten sein. Der Titel des Beitrages und der/die Verfasser mit vollem Titel und ausgeschriebenen Vornamen sowie beruflicher Stellung sind auf der ersten Manuskriptseite aufzuführen. Dem Beitrag ist ein „Überblick" von höchstens 15 Zeilen voranzustellen, in dem das Problem, die angewandte Methodik, das Hauptergebnis in seiner Bedeutung für Wissenschaft und/oder Praxis dargestellt werden. Die Aufsätze sind einheitlich nach dem Schema A., I., 1., a) zu gliedern. Endnoten (Times New Roman, 12 pt) sind im Text fortlaufend zu numerieren und am Schluß des Aufsatzes unter „Anmerkungen" zusammenzustellen. Anmerkungen und Literatur sollen getrennt aufgeführt werden. Im Text und in den Anmerkungen soll auf das Literaturverzeichnis nach dem Schema: (Gutenberg, 1982, S. 352) verwiesen werden. Jedem Aufsatz muß eine „Summary" in englischer Sprache von nicht mehr als 15 Zeilen Länge und eine deutsche Zusammenfassung gleicher Länge angefügt werden. Über Abbildungen und Tabellen ist eine Legende vorzusehen (z.B.: Abb. 1: Kostenfunktion, bzw. Tab. 2: Rentabilitätsentwicklung). Abbildungen und Tabellen sind an der betreffenden Stelle des Manuskripts in Kopie einzufügen und im Original (reproduzierfähig) dem Manuskript beizulegen. Mathematische Formeln sind fortlaufend zu numerieren: (1), (2) usw. Sie sind so einfach wie möglich zu halten. Griechische- und Fraktur-Buchstaben sind möglichst zu vermeiden, ungewöhnliche mathematische und sonstige Zeichen für den Setzer zu erläutern. Auf mathematische Ableitungen soll im Text verzichtet werden; sie sind aber für die Begutachtung beizufügen.
Mit dem Manuskript liefert der Autor ein reproduzierfähiges Brustbild (Passphoto) von sich sowie eine kurze Information (max. 7 Zeilen) zu seiner Person und seinen Arbeitsgebieten.

6. Der Autor verpflichtet sich, die Korrekturfahnen innerhalb einer Woche zu lesen und die Mehrkosten für Korrekturen, die nicht vom Verlag zu vertreten sind, sowie die Kosten für die Korrektur durch einen Korrektor bei nicht termingerechter Rücksendung der Fahnenkorrektur zu übernehmen.

7. Der Autor ist damit einverstanden, daß sein Beitrag außer in der Zeitschrift auch durch Lizenzvergabe in anderen Zeitschriften (auch übersetzt), durch Nachdruck in Sammelbänden (z.B. zu Jubiläen der Zeitschrift oder des Verlages oder in Themenbänden), durch längere Auszüge in Büchern des Verlages auch zu Werbezwecken, durch Vervielfältigung und Verbreitung auf CD-ROM oder anderen Datenträgern, durch Speicherung auf Datenbanken, deren Weitergabe und dem Abruf von solchen Datenbanken während der Dauer des Urheberrechtsschutzes an dem Beitrag im In- und Ausland vom Verlag und seinen Lizenznehmern genutzt wird.